ДЕТСКАЯ ЭНЦИКЛОПЕДИЯ
РОСМЭН

СТРАНЫ И КОНТИНЕНТЫ

МОСКВА
РОСМЭН
2011

СОДЕРЖАНИЕ

Северная Америка

Южная Америка

Африка

Австралия, Океания и Антарктида

Введение

Какие страны и континенты, они же материки, есть на нашей планете? Чем части света отличаются от материков? Эти простые вопросы нередко ставят в тупик даже взрослых и образованных людей. Наверное, вам приходилось слышать выражение «европейский или американский континент». К сожалению, это ошибка — континентов Европы и Америки на Земле не существует. Европа, как и Америка, и Азия, — это части света.

Две части света — Азия и Европа — составляют континент Евразия, часть света Америка состоит из двух материков — Северной и Южной Америки, а континенты Африка, Австралия и Антарктида — это одноимённые части света.

Почему возникла такая путаница? Две тысячи лет назад древние греки называли заселённую и известную им часть Земли Ойкуменой. Она делилась на три части света: Европу, Азию и Африку. Позже, когда люди начали исследовать Землю и открывать другие континенты (Новый Свет), их стали называть Старым Светом. Тогда и выяснилось, что Европа и Азия — это части единого материка. А с Америкой получилось точно наоборот — оказалось, что эта часть света состоит из двух континентов.

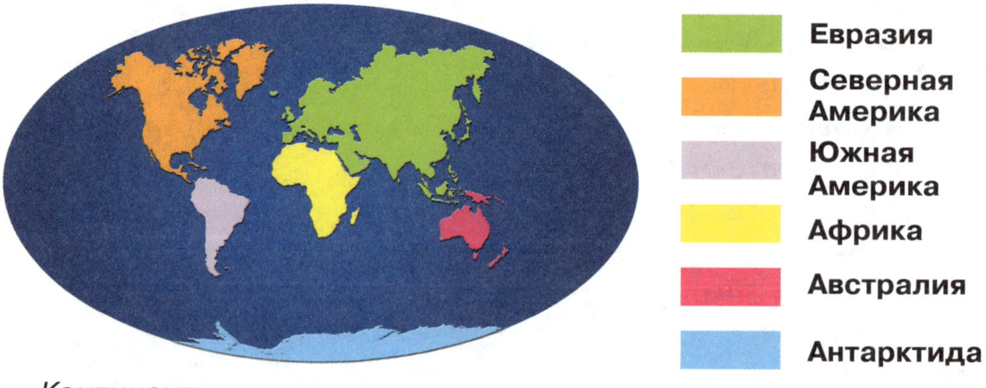

Континенты

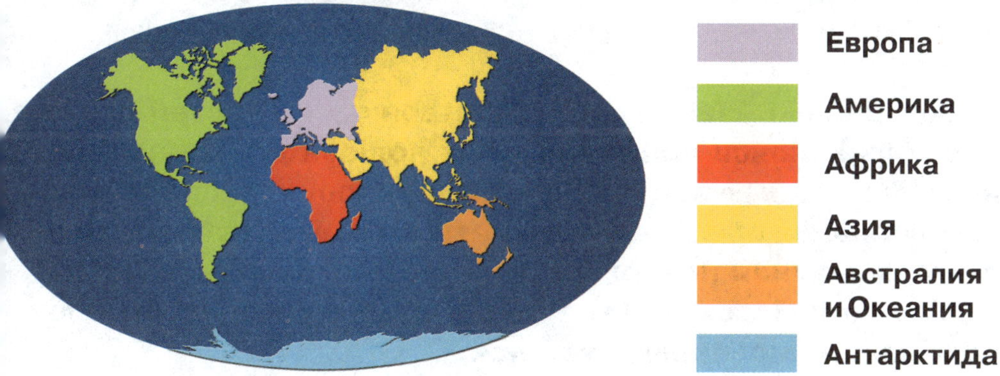

Части света

Люди живут на всех материках и во всех частях света, только в ледяной Антарктиде нет постоянного населения. На Земле более 200 разных стран: от Австралии, занимающей целый материк, до Ватикана, в котором живёт меньше тысячи человек.

Все страны нашей планеты по форме правления делятся на две группы: монархии и республики. Главой **монархии** может быть император, царь, король, султан и т. д. Он может быть абсолютным властителем, как когда-то Цезарь или Пётр Великий, или только считаться главным лицом в стране, но не иметь реальной власти, как британская королева в наши дни. Больше всего монархий существует в Европе (Великобритания, Дания, Швеция, Норвегия, Испания, страны Бенилюкса и несколько карликовых государств) и Азии (Япония, Таиланд, Малайзия, Катар, Кувейт и Объединённые Арабские Эмираты). В Африке их осталось три (Марокко, Лесото и Свазиленд), в Океании только Тонга, а в Америке монархий нет вообще. **Республики** существовали уже в античные времена — на Ближнем Востоке и в Индии, в Древней Греции и Риме. Но они быстро сменялись монархиями. Древнейшей из существующих сейчас республик считается крошечная страна на Апеннинском полуострове Сан-Марино. Официальная дата её основания — 3 сентября 301 г.

Азия

Бескрайняя Азия — это единственная из частей света, простирающаяся практически от полюса до экватора во всех природных зонах. На её территории расположены высочайшие горы нашей планеты и самые глубокие впадины на земной поверхности. Здесь сохранились огромные лесные массивы и возникли, во многом по вине человека, многочисленные пустыни.

Старейшие страны Земли

Именно в Азии зародилась большая часть древних цивилизаций. Давно исчезли когда-то процветавшие **Месопотамия, Ассирия, Урарту** и другие полузабытые государства. От них остались лишь руины городов и храмов, которые частично возвращают к жизни археологи. Восстановлены ворота богини Иштар в древнем **Вавилоне** и крылатые быки, стражи ворот персидского царя Дария в Персеполе.

Одна из немногих стран, существовавших под разными именами не одну тысячу лет, сейчас известна как под её древним названием **Персия**, так и под новым — **Исламская Республика Иран**. Иран — одна из древнейших стран в мире. Первое государство возникло на его территории уже в 3-м тысячелетии до н. э. В середине 1-го тысячелетия до н. э. Персидская империя простиралась от Греции и Египта до реки Инд. К концу 1-го тысячелетия н. э. под властью персов оставалась огромная территория, включавшая весь Кавказ, Западную и Среднюю Азию, Египет, Аравию, территории со-

Зиккурат в Вавилоне

Руины Персеполя — столицы Персидской империи в VI–V вв. до н. э.

временного Афганистана и большую часть Пакистана. Именно в Иране зародилась одна из древнейших мировых религий — **зороастризм** — учение о борьбе Добра и Зла, изложенное в «**Авесте**». К XVI в. государственной религией Ирана стал **ислам**, причём в этой стране преобладают мусульмане-шииты.

В прошлом веке Иран начал стремительно модернизироваться и развиваться. Этому способствовало выгодное географическое положение в регионе, а также запасы нефти и природного газа. В 1979 г. в Иране произошла революция, была свергнута монархия и провозглашена Исламская Республика. Сегодня Иран настаивает на развитии собственной ядерной программы, несмотря на возражения мировой общественности. В результате страна оказалась в изоляции, и это замедлило её развитие.

Дворцы Персеполя были украшены рельефами, разноцветными изразцами и скульптурами. Когда войска Александра Македонского захватили и сожгли город, в огне погибли и священные книги «Авесты», написанные на бычьих шкурах золотыми чернилами.

Неспокойные соседи

На окраинах древней Персии, на сухих малоплодородных землях Иранского нагорья расположилась республика **Афганистан**, а к юго-востоку от неё лежит вторая по численности населения (после Индонезии) исламская страна **Пакистан**.

Большая часть территории этих исламских республик расположена на значительных высотах. И несмотря на то что Пакистан занимает часть Индо-Гангской низменности, а также уголок пустыни Тар, здесь всё же преобладают горные ландшафты: отроги Памира, Гиндукуш, Каракорум и даже часть высочайших Гималаев. В горах холодно и летом, а на равнинах жарко и сухо.

Обе страны на протяжении значительной части своей истории входили в состав Персидской империи. Афганистан, как и Иран, никогда не попадал в колониальную зависимость. Пакистан же несколько столетий входил в состав «жемчужины короны Британской империи», самой знаменитой английской колонии, называемой **Британской Индией**, существовавшей с середины XVIII в. на территории современных Индии, Пакистана, Бангладеш и Мьянмы (до 1947 г.).

Голубая мечеть в Мазари-Шарифе (Афганистан)

В горах Афганистана почти 2 тыс. лет стояли статуи Будды (55 и 37 м высотой), входившие когда-то в комплекс буддийских монастырей в Бамианской долине. В 2001 г. они были варварски разрушены талибами, считавшими их языческими идолами.

Винторогий козёл — один из символов Пакистана

История Афганистана с древности отмечена постоянными войнами. И в новейшее время, с XIX в., за контроль над этой территорией боролись Британская и Российская империи. Последние годы страну сотрясают гражданские войны, периодически в неё вводят иностранные войска (СССР и США). Одно время у власти находилось движение «Талибан», добивавшееся построения в Афганистане и на части территории Пакистана радикального исламского государства. Правление **талибов** характеризовалось религиозной нетерпимостью и жестокостью. Мужчинам следовало обязательно носить бороду определённой длины. Женщинам не разрешали работать, появляться в общественных местах с открытым лицом и без родственника мужчины и учиться (в 2001 г. девочки составляли только 1 % от всех учащихся).

У Пакистана, помимо талибов, есть проблемы и с соседней Индией — спор о принадлежности территории Кашмира, бывшего княжества в Гималаях. Много раз дело доходило до военных конфликтов. Кашмир был разделён между ними примерно поровну, но до сих пор эта проблема не решена окончательно.

Самый многолюдный полуостров в мире

Полуостров Индостан называют **субконтинентом**. И действительно, по площади он сравним с материком Австралия. Здесь расположены **Индия, Бангладеш** и большая часть Пакистана. Многонациональная Индия стремительно догоняет самую населённую страну мира — Китай. Уже сегодня в Индии более 1 млрд. жителей.

Горные системы, в том числе самые высокие горы нашей Земли — Гималаи, защищают Индостан от холодного воздуха с севера. Это одна из причин жаркого климата полуострова, на котором выделяют всего три сезона: жаркий и влажный сезон дождей (июнь — октябрь), относительно прохладный и сухой (ноябрь — февраль) и жаркий и сухой (март — май). Относительно прохладной зимой в северных горах даже выпадает снег. Летом на большей части Индостана царит невыносимая жара, в центральных районах температура часто превышает 45 °С. Во время муссона выпадает до 90 % осадков.

Тадж-Махал — мавзолей-мечеть в Агре (Индия)

На Индостане 2,5 тыс. лет назад сформировалась самая древняя мировая религия (третья по числу последователей после христианства и ислама) — индуизм. Сейчас верховным богом одни считают Вишну, другие — Шиву, третьи — богиню Шакти.

С VIII в. в Индию стал проникать ислам. Мусульманское правление продолжалось до 1398 г., когда в страну пришли армии Тамерлана. В 1526 г. потомок Тамерлана Бабур завоевал практически всю Индию и основал империю Великих Моголов, существовавшую до 1857 г. Как и Пакистан, ещё полвека назад Индия и Бангладеш входили в состав Британской Индии. Когда в 1947 г. Британия освободила эту колонию, на карте мира появился Западный и Восточный Пакистан, население которого практически поголовно исповедовало ислам, и Индия, где индусы (больше 80 % населения) сохраняли веру в старых индийских богов. Однако в Индии проживает и большое число мусульман (около 150 млн. человек, что лишь немногим меньше населения Пакистана).

Ганеша — бог мудрости и благополучия в индуизме

Восточный Пакистан (Бенгалия), находившийся в 1600 км от Западного Пакистана, просуществовал недолго. Между ними возникли серьёзные политические, экономические, языковые и этнические противоречия, и в 1971 г. было провозглашено независимое государство Бангладеш. Эта одна из самых населённых и бедных стран в мире расположена в дельте Ганга, где нередко случаются страшные наводнения, во время которых под угрозой затопления оказывается почти $^2/_3$ территории страны.

Миллионы? Нет, миллиарды китайцев!

Китай — третья по площади страна мира после России и Канады. Численность населения Китая ещё в 1982 г. превысила 1 млрд. человек. Благодаря политике «одна семья — один ребёнок» темпы роста населения замедлились, но и сейчас страна с 1,5 млрд. жителей остаётся самой многонаселённой в мире.

На юго-западе этой страны возвышается самое большое и высокое на земном шаре Тибетское нагорье — его средняя высота более 2000 м над уровнем моря. На востоке и юге страны расположены невысокие горы и равнины, лежащие ниже 200 м, в том числе обширная Великая Китайская равнина, где проживает большая часть населения страны.

Китайская цивилизация — одна из старейших в мире, сами китайцы считают, что ей не менее 5 тыс. лет, а письменность существует уже 3,5 тыс. лет. Примерно 2,5 тыс. лет назад началось продолжавшееся много столетий сооружение **Великой**

Великая Китайская стена

Китайской стены для обороны от набегов кочевников. Династии правителей Китая сменяли одна другую, их называли «сражающиеся царства». Император Цинь Шихуанди, один из наиболее прославленных императоров в истории Китая, в III в. до н. э. первым объединил Китайскую империю. Население столицы империи превышало 1 млн. человек, процветали науки (преимущественно астрономия и география) и культура: развивалась классическая живопись, такие искусства, как музыка, танец и опера, был открыт секрет белого полупрозрачного фарфора.

Китайская ваза

Дальнейшая история Китая была бурной: постоянно вспыхивали внутренние восстания, вторгались иноземные захватчики от знаменитого Чингисхана и маньчжуров до англичан и японцев, в разное время оккупировавших значительные части страны. После окончания Второй мировой и последовавшей следом гражданской войны в 1949 г. была провозглашена Китайская Народная Республика. Социалистические преобразования не принесли особого успеха экономике страны. Они сменились так называемой культурной революцией, во время которой была уничтожена значительная часть наследия и традиций этой древней страны. Только в последние десятилетия Китай вступил на путь мирного развития и добился огромных успехов.

Великая Китайская стена включена в число новых чудес света. Это единственное рукотворное сооружение на Земле, которое невооружённым глазом видно из космоса (правда, с самых низких околоземных орбит). Она протянулась почти на 9 тыс. км через весь Северный Китай.

Страна восходящего солнца

Эта страна занимает Японский архипелаг, состоящий из почти 7 тыс., преимущественно вулканических, островов. Но 97 % площади страны приходится на четыре крупнейших острова — Хонсю, Хоккайдо, Кюсю и Сикоку. Рельеф островов гористый.

Япония расположена в сейсмически активном регионе, где нередки землетрясения, в том числе катастрофические. Японские учёные насчитали в стране 108 активных вулканов. Высшая точка Японии гора Фудзи — тоже вулкан, в последний раз он извергался в 1707 г. У берегов трёх южных островов проходит тёплое течение Куросио. На самом северном острове страны, куда течение не доходит, бывает настоящая зима, а климат всех остальных островов мягкий с тёплой, бесснежной зимой.

Древнейшими обитателями Японских островов были **айны**. Они занимались охотой, рыболовством и собирательством. Предки современных японцев проникли на острова с юга Корейского полуострова в середине 1-го тысячелетия до н. э. Они привезли с собой домашних животных, а главное — начали сажать рис, без которого сегодня эту страну нельзя представить.

Священная гора японцев — вулкан Фудзи

Япония — одна из самых однородных по национальному составу стран мира. Более 99 % из её почти 130-миллионного населения составляют японцы. Это связано с тем, что до середины XIX в. Япония была закрыта для иностранцев. Она развивалась по своему особому пути. Так, даже суровые воины, **самураи**, должны были разбираться в живописи, каллиграфии (искусство красивого письма) и уметь сочинять **хокку** или **танка** (жанры классической японской поэзии). На Японских островах и сейчас бережно сохраняют старинные традиции.

Самое разрушительное за всю историю Японии землетрясение произошло 1 сентября 1923 г., его называют великим землетрясением Канто, или Токийским. Оно практически полностью разрушило Токио и Иокогаму, погибли сотни тысяч человек.

В середине XX в. Япония приняла участие во Второй мировой войне на стороне фашистской Германии и захватила огромные территории в Восточной и Юго-Восточной Азии, а также в Океании. После того как американцы сбросили на города Хиросиму и Нагасаки атомные бомбы, Япония капитулировала. Послевоенная Япония прекрасно вписалась в современную цивилизацию и стала одной из самых развитых и богатых стран мира. Во всём мире популярны автомобили, бытовая техника, электроника, в том числе самая высокотехнологическая, произведённая в Японии.

Роботы

Глубоко в джунглях...

На юго-востоке Азии расположен гористый полуостров **Индокитай**. Из-за близости к экватору климат здесь очень жаркий и влажный. Если на перенаселённом Индостане уже почти не осталось неосвоенных земель, то в Индокитае ещё можно встретить настоящие джунгли. Так называют заросли, захватившие места, где когда-то росли леса. Помните «нашествие джунглей» из «Маугли»? То, что описал Киплинг, совсем не сказка, действительно, если жители деревни или даже города погибают от болезни или от врагов, в этих местах через несколько лет появляются непроходимые колючие джунгли.

Долгое время большая часть полуострова была занята древним могущественным королевством Сиам, в 1939 г. переименованном в **Таиланд**, но в память о нём остались Сиамский залив, сиамские кошки и сиамские близнецы. Таиланд был единственной страной Юго-Восточной Азии, сохранившей независимость, в то время как соседние страны были колониями Франции (**Камбоджа, Лаос**, **Вьетнам**) или Великобритании (Бирма, теперь **Мьянма**, и Малайя, позже вошедшая в состав **Малайзии**).

Британские колонии получили независимость без особых проблем, а судьба Французского Индокитая была трагичной. В годы Второй мировой войны он был захвачен японцами. После войны Вьетнам первым объявил себя независимым. Франция, не желавшая смириться с потерей своих владений, ввела туда войска и воевала до 1954 г. А вскоре во Вьетнам

Рисовые плантации

Руины средневекового города кхмеров Ангкора (Камбоджа)

Древний кхмерский храм Ангкор-Ват, открытый в конце XIX в. археологами в джунглях, — волшебное видение в чаще леса, входил в число претендентов на звание одного из новых чудес света.

вошли американцы, которые почти 15 лет вели в стране необъявленную войну. Лаос получил независимость раньше, но и там несколько десятилетий шла гражданская война. Но хуже всего дела обстояли в Камбодже. Вскоре после ухода французов началась гражданская война, в 1975 г. победили и пришли к власти «красные кхмеры» во главе с Пол Потом. В стране начался геноцид против собственного народа (интеллигенции, буддистов, национальных меньшинств, просто «лишних»). В «Демократической Кампучии», как она тогда называлась, за четыре года было уничтожено от 1 до 3 млн. человек. Гражданская война в стране продолжалась и после свержения режима «красных кхмеров».

Страны тысяч островов

Юго-восток Азии омывают два океана: Индийский и Тихий. Между ними раскинулось множество островов. Издавна Страной тысяч островов называли Индонезию, но это название подошло бы и Филиппинам, да и в Малайзию наряду с полуостровом Малакка входит не только значительная часть огромного острова Борнео (Калимантан), но и несметное число мелких островков близ их побережий.

Климат большей части островов жаркий и влажный, погода практически одинаковая круглый год. Многие острова имеют горный рельеф. Здесь много молодых высоких гор, в том числе вулканов. В 1883 г. произошло катастрофическое извержение вулкана Кракатау, расположенного на небольшом острове в проливе между островами Ява и Суматра. Сильнейший взрыв уничтожил бо́льшую часть острова, магма и куски горных пород разлетелись на расстояние до 500 км. Газопепловая колонна поднялась на высоту свыше 70 км. Сила взрыва не менее чем в 200 тыс. раз превышала силу взрыва американской атомной бомбы, уничтожившей Хиросиму. Грохот этого взрыва был слышен на расстоянии свыше 4 тыс. км. Гигантская волна, цунами, поднялась на высоту около 30 м и смыла 295 городов и селений, при этом погибло около 36 тыс. человек. Воздушная волна, повалившая экваториальные леса на побережье Зондского пролива, срывала крыши с домов и двери с петель в Джакарте на расстоянии 150 км от Кракатау.

Извержение Кракатау

Расположенная на островах Зондского архипелага **Индонезия** — это самое большое государство в Юго-Восточной Азии и крупнейшее островное государство в мире. Она занимает четвёртое место в мире по численности населения после КНР, Индии и США — около 230 млн. человек. Это самая густонаселённая мусульманская страна в мире, хотя жители ряда островов исповедуют и другие религии.

Государственное устройство **Малайзии** уникально. В её составе 13 штатов, из которых 9 возглавляют наследные правители (в основном султаны), а 4 — губернаторы. Каждые пять лет Совет правителей выбирает из своего состава Верховного главу, выполняющего главным образом представительские функции.

Башни Петронас в Куала-Лумпуре (Малайзия)

Филиппины стали известны в Европе благодаря печальному обстоятельству — на одном из островов архипелага был убит руководитель первой кругосветной экспедиции Фернан Магеллан. Более 300 лет эти острова были колонией Испании, затем они почти полвека находились в зависимости от США.

В государственном языке Филиппин, филипино, очень много слов испанского происхождения, поэтому школьники, помимо родного и английского языков, часто учат ещё и испанский.

На Ближнем Востоке

Аравийский полуостров, Малую Азию, Месопотамскую низменность (Междуречье) и восточное побережье Средиземного моря в Юго-Западной Азии часто называют **Ближним Востоком**. Иногда к нему относят арабские страны Северной Африки.

На большей части этой территории господствуют пустыни и полупустыни. Негустые леса остались лишь на наветренных склонах ливанских гор, а также в горах Йемена и Омана. В государствах этого региона **Бахрейне, Иордании, Ираке, Йемене, Катаре, Кувейте, Ливане, Омане, Объединённых Арабских Эмиратах, Саудовской Аравии, Сирии** живут преимущественно арабы. Исключение составляют турки в Малой Азии и населённый евреями **Израиль**, отсутствовавший на картах мира почти 2 тыс. лет. Только в 1948 г. британское владение Палестина было разделено на две части (арабская и еврейская) и было образовано государство Израиль. Арабские страны не признали этого решения. Несколько раз между Израилем и его соседями — Египтом, Сирией и др. — вспыхивали военные конфликты, но постепенно с помощью мирных переговоров эти страны учатся жить в мире. **Палестина**, или Палестинская автономия, в результате этих войн потеряла часть своей территории и формально входит в состав государства Израиль.

В пустыне Саудовской Аравии

Тысячелетнюю историю имеет и **Ирак**, расположившийся в плодородной долине рек Тигр и Евфрат, Месопотамии, где сменяли друг друга древние цивилизации — Вавилония, Ассирия и др. Долгое время эта территория принадлежала Персии, потом была завоёвана арабами, которые принесли с собой ислам. Несколько столетий столица современного Ирака — Багдад была центром Арабского Халифата, огромного государства, включавшего не только Ближний Восток, но и часть Северной Африки и даже Пиренейского полуострова. Потом Ирак входил в состав Османской империи. Новейшая история этого государства также была бурной. К власти пришёл диктатор Саддам Хусейн, и в 1980 г. была развязана кровопролитная и бессмысленная ирано-иракская война, в ходе которой даже применялось химическое оружие. После захвата Саддамом Хусейном Кувейта в 1990 г. в дело вмешались западные страны. Войска США и их союзников вошли в Ирак в 2003 г. и свергли режим Саддама Хусейна. Сейчас союзные войска готовятся покинуть Ирак, в котором до сих пор неспокойно.

Кааба — главная святыня ислама (Мекка)

Уже около тысячи лет известна история о багдадском царе Шахрияре и его мудрой жене Шахразаде. Тысячу и одну ночь она рассказывала ему увлекательные истории, прерывая рассказ «на самом интересном месте», чтобы остаться в живых.

Там, где высились стены семивратной Трои...

Действие знаменитейшей древнегреческой поэмы «Илиада» разворачивается в Малой Азии. А, так, значит, троянцы, воевавшие с греками, были турками, скажете вы! И ошибётесь, тогда здесь тоже жили греки. Турки появились на этой территории через 2 тыс. лет после описываемых Гомером событий.

Большая часть полуострова Малая Азия занята полупустынными Малоазиатским и Армянским нагорьями, окаймлёнными окраинными горами: Понт (на севере) и Тавр (на юге). Вдоль берегов тянутся узкие низменности с негустыми лесами.

Турция — одна из немногих стран, расположенных сразу в двух частях света. Небольшая часть её территории находится в Европе (3 %), а большая (97 %) — в Азии. Турция лежит на перекрёстке важных торговых путей, с древности соединяющих Европу с Азией. Европейская и азиатская части Турции отделены друг от друга Мраморным морем, а также проливами Босфор и Дарданеллы. В южной части Босфора расположен один из красивейших городов мира и самый большой город Турции — Стамбул (бывший Константинополь).

В древности Малая Азия носила название Анатолия. Её территория входила в состав различных древних и средневековых государств (Хеттское и Лидийское царства, Мидия, держава Александра Македонского, Понтийское царство, Пергам, Древний Рим, Византия и др.). В XI в. бóльшая часть Византии была захвачена

Янычары

Крепость Румелихисары на европейском берегу Босфора (Турция)

турками, создавшими на западе Малой Азии своё государство, а в XIV–XV вв. турки окончательно уничтожили Византию, создав на её обломках Османскую империю. Во времена своего расцвета, в середине XVII в., она простиралась на огромную территорию и включала, кроме Малой Азии, всю Северную Африку, значительную часть Персии и Аравии, Закавказье, Крым и юг Украины, Балканский полуостров и Венгрию. Турки дошли до Австрии и едва не захватили Вену.

Страна Турция появилась на карте мира только после Первой мировой войны. В 1923 г. была провозглашена Турецкая Республика, и Мустафа Кемаль, принявший впоследствии имя Ататюрк (отец турок), стал её первым президентом.

Название Анатолия, что по-гречески значит «восточная страна», сохранилось за азиатской частью Турции. А город Анталья, куда люди из разных стран приезжают отдыхать, раньше назывался Атталия, в честь своего основателя царя Пергама Аттала II.

За хребтом Кавказа

Большой Кавказский хребет отделяет от России **Закавказье**, преимущественно горный регион, население которого в значительной степени сосредоточилось в плодородных долинах и на небольших низменностях, где можно выращивать теплолюбивые субтропические культуры.

В **Грузии**, или Сакартве́ло, как называют свою страну грузины, есть историческая область Колхида. В старинной легенде рассказывается, что некогда к берегам древней Колхиды пристал греческий корабль «Арго», капитан которого Ясон должен был отыскать волшебное золотое руно. Правдива ли эта легенда, неизвестно, но греки живут в Колхиде уже больше 2 тыс. лет. Грузия – самая многонациональная из республик Закавказья: наряду с грузинами здесь живут греки, армяне, азербайджанцы, русские, а также гурийцы, имеретинцы, мегрелы, сваны, хевсуры, осетины, абхазы, аджарцы и другие малые народы Кавказа.

Средняя высота гористой **Армении** почти 2000 м, есть только одна небольшая низменность. В этой республике даже в со-

Субтропики на Черноморском побережье Грузии

Армянский напрестольный крест и храмовый комплекс в горах

ветские времена было около 90 % армян, а сейчас их стало без малого 100 %. Ещё втрое большее число армян рассеяно по всему миру (в России, Франции, США, Ливане и др.), ведь многим людям пришлось покинуть родину в 1915 г. во время **геноцида армян** на территории Османской империи. Значительная часть территории древнего государства армян с национальным символом — гора Арарат — так и осталась в Турции.

Территория **Азербайджана** наименее гористая, здесь больше всего пахотных земель и полезных ископаемых, особенно нефти и природного газа. Эти края всегда привлекали своими

Еревану, столице Армении, скоро исполнится 2800 лет. Здесь сохранились руины крепости Эребуни, построенной в VIII в. до н. э., когда на этой территории находилось древнее царство Урарту.

богатствами: здесь сменяли друг друга греческие, персидские, тюркоязычные и даже арабские захватчики. В этой республике также доминирует коренное население (более 90 %). После распада СССР страну покинули тысячи армян и русских, но приехали азербайджанцы из Армении и Нагорного Карабаха.

Среди гор и пустынь

На огромной территории, где располагаются бывшие советские среднеазиатские республики, а ныне государства **Узбекистан, Туркмения, Таджикистан** и **Киргизия**, а также уступавший только России по размерам **Казахстан**, преобладают два вида ландшафтов — горы и пустыни.

Минарет Кальтар в Хиве (Узбекистан)

Территория Узбекистана и Туркмении, а также Казахстана преимущественно равнинная, со значительными площадями пахотных земель и запасами полезных ископаемых, в первую очередь горючих: нефти, газа и угля (в Казахстане). Две горные республики — Таджикистан и Киргизия — практически не имеют запасов сырья, зато обладают гидроэнергетическими ресурсами, и у них крайне мало пригодных для сельского хозяйства территорий.

Казахстан — вторая по величине республика в Советском Союзе — был единственным, в котором коренное население, казахи, составляли лишь около трети жителей. Большая часть этой огромной страны до Великой Октябрьской революции была практически не освоена. Казахи в основном занимались кочевым скотоводством, путешествуя со своими стадами по степям и полупустыням. После революции тысячи людей со всех концов страны (преимущественно русские) приехали в эту богатую полезными ископаемыми республику, чтобы строить рудники и шахты, проводить железные дороги и работать на самых разных заводах. Множество людей, технику и даже целые заводы эвакуировали в Казахстан во время Второй мировой войны. Многие из этих

Космодром Байконур (Казахстан)

людей, а также приехавшие после войны осваивать целинные земли остались там жить. Поэтому перед распадом СССР в Казахстане русских было на 10 % больше, чем казахов, жили также украинцы, немцы Поволжья (высланные сюда, как и многие другие народы, во время войны с фашистами), татары, греки, корейцы и другие.

В республики Средней Азии, как и в Казахстан, во время войны и после неё также приезжало работать множество людей, поэтому сейчас здесь можно встретить представителей самых разных национальностей. Но доля коренного населения в этих странах значительно выросла из-за быстрого прироста населения и отъезда русских.

Народы этого региона в основном говорят на тюркских языках. А вот таджикский язык близок к исчезнувшим языкам, на которых говорили в древних государствах: Бактрии, Согдиане и Хорезме. Он похож на фарси, или персидский язык.

Сокровищница за Уралом

Как и Турция, Россия располагается в двух частях света, образующих материк Евразию. Азиатская часть составляет около 80 % территории страны, но живёт там меньше 40 млн. человек, то есть примерно 27 % от всех жителей России. Плотность населения здесь в три с лишним раза меньше, чем в европейской части, и одна из самых низких в мире — 2,5 жителя на 1 км^2.

Азиатская часть нашей страны разделена на три огромных региона: **Западная** и **Восточная Сибирь**, а также **Дальний Восток**. За Уральскими горами располагается вторая по величине низменность на земном шаре — Западно-Сибирская. На юге к этой низменности, как и к занимающему большую часть Восточной Сибири Среднесибирскому плоскогорью, примыкает пояс гор Южной Сибири. Многочисленные горные хребты размещаются и на Дальнем Востоке, равнин там почти нет.

Это один из самых богатых природными ресурсами районов Земли. В Западной Сибири есть огромные запасы природного газа и нефти. Здесь же находится крупнейший угольный бассейн страны – Кузнецкий (Кузбасс). Но ещё больше угля лежит под землёй в Восточной Сибири, там сосредоточено около 80 % запасов России. Богата Восточная Сибирь и рудами металлов,

Добыча сибирской нефти

Таёжные просторы России

а также золотом и алмазами. В Восточной Сибири сосредоточено около половины всех лесных ресурсов России: там растут лиственница, сосна, ель, кедр, пихта. Восточная Сибирь и Дальний Восток издавна славились своей пушниной, а в тихоокеанских морях добывают крабов, рыбу и морского зверя.

Почему же такие богатства лежат почти нетронутыми? Практически вся азиатская часть территории России расположена на «**вечной мерзлоте**». А это значит, что даже летом под тонким слоем почвы лежит промёрзший во время ледникового периода грунт, что мешает земледелию, строительству домов, проведению дорог и пр. Климат здесь гораздо более суровый, чем на европейской части страны. А на Дальнем Востоке нередки тайфуны, цунами, извержения вулканов и землетрясения. Всё это создаёт большие трудности при освоении этих территорий.

За право называться полюсом холода в Северном полушарии борются два населённых пункта в Якутии: Оймякон и Верхоянск. В феврале 1933 г. в этих посёлках была зарегистрирована температура –67,7 °С и –67,8 °С соответственно.

Европа

Небольшая часть огромной Евразии — Европа — несколько последних столетий была самой активной и процветающей частью света. Европейские страны захватывали чужие земли, превращали страны, нередко с более древней культурой, в свои колонии.

Здесь возникло государство Российское

В Европе расположено чуть более 20 % территории России, но здесь сосредоточилось около 70 % её населения. Но распределено население неравномерно: на юге и в Центральном регионе его плотность очень велика, а на севере живёт немногим больше людей, чем в Сибири.

Большую часть территории европейской части России занимает **Восточно-Европейская равнина**. Горы есть только на восточных (**Урал**) и южных (**Кавказ**) её границах да на севере, на Кольском полуострове находятся невысокие **Хибины**. Климат здесь умеренный, континентальность его растёт в направлении с северо-запада на юго-восток. Это значит, что, например, в Ленинградской области зимы будут теплее, а лето

Московский Кремль — древнейшая часть столицы России

прохладнее, чем в Оренбургской, а осадков будет выпадать почти вдвое больше.

На севере эту территорию омывают моря Северного Ледовитого океана. Острова и архипелаги этих холодных морей расположены в зоне арктических пустынь. Южнее большие площади заняты тундрой, которая постепенно переходит в тайгу. Зона лесов, куда наряду с тайгой входят смешанные и широколиственные леса, самая большая на территории европейской части России. К югу от неё когда-то простирались бескрайние степи. Сейчас они полностью распаханы — это основная житница страны.

На территории европейской части России люди живут уже больше 40 тыс. лет. С V в.сюда начали проникать славянские племена. На севере и востоке тогда жили угро-финские племена, а на юго-востоке тюрки. В IX в. образовалось Древнерусское государство, включившее в свой состав все восточно-славянские племена. В XIV–XVI вв., после монгольского нашествия, завоевания Новгородской республики, а также присоединения Пскова, Смоленска и др., вокруг Москвы сложилось централизованное государство, и великий князь стал называться царём. С 1721 г. Россия стала империей, а Пётр I получил титул императора. Монархия просуществовала в стране до 1917 г.

После революции и Гражданской войны был образован Советский Союз. Число республик, входивших в него в разные годы, колебалось от 4 до 16. В 1991 г. СССР распался, а на его территории существуют 15 независимых государств.

Братья-славяне и не только

Три страны, бывшие до 1991 г. республиками в составе СССР, располагаются в западной части Восточно-Европейской равнины, обрамлённой на западе и юге невысокими Карпатскими и Крымскими горами. Это **Украина**, **Белоруссия** и **Молдавия**.

До строительства Днепрогэса русло крупнейшей реки Украины, Днепра, пересекала гряда скал, порогов. За порогами Днепр проходил через гористое ущелье, которое в старину называли Волчьим Горлом. Затем река разливалась и разбивалась на множество извилистых рукавов, образующих бесчисленные острова, с изобилием рыбы, дичи и отличными пастбищами. С середины XVI в. там начали селиться те, «кому были по вкусу опасности и удалые набеги». Запорожская Сечь состояла из мужчин, чьей целью была война в степи или морские походы.

Историко-архитектурный комплекс «Запорожская Сечь» на острове Хортица (Украина)

В самой северной из этих стран, лесной Белоруссии, почвы не особенно плодородны и часто заболочены, но там прекрасно растут рожь, лён и картофель. А вот там, где ещё несколько веков назад царили степи, на Украине и в Молдавии, благодаря равнинному рельефу в сочетании с мягкими зимами и тёплым летом, а также с плодороднейшими чернозёмными почвами,

Зубры в Беловежской пуще (Белоруссия)

существуют исключительно благоприятные условия для развития сельского хозяйства. Высокие урожаи пшеницы и сахарной свёклы, поля подсолнечника, сады и даже виноградники — трудно перечислить все богатства этих благодатных краёв.

История этих стран тесно связана с историей России. Неоднократно нам приходилось вместе отбиваться от общих врагов: от степных кочевников и монгольских орд, от шведов и турок, от Австро-Венгерской и Германской империй в Первую мировую и от фашистов во Вторую мировую войну.

Если послушать, как говорят жители Украины и Белоруссии, становится понятно, что это не просто наши соседи, но и близкие родственники. Что неудивительно, ведь русский, украинский и белорусский языки входят в одну восточнославянскую языковую группу. А вот молдавский язык, очень похожий на румынский, относится к романской языковой группе.

В 1986 г. на Чернобыльской атомной электростанции на Украине произошла самая страшная техногенная катастрофа XX в. Один из реакторов был полностью разрушен взрывом, и в воздух попало большое количество радиоактивных веществ.

На родине янтаря

Территория Прибалтийских стран равнинная — они расположены на северо-западной окраине той же Восточно-Европейской равнины, а с севера и северо-запада омываются Балтийским морем. Климат здесь мягче, чем в Центральном регионе России, осадков выпадает немного больше.

Государства на территории современных прибалтийских стран **Литвы**, **Латвии** и **Эстонии** возникли только в начале XIII в. В 1209 г. по инициативе епископа ордена меченосцев (позже Ливонского ордена) на карте Европы появилась Ливония (по названию местного племени ливы). В её состав вошли территория нынешней Эстонии и Латвии. Литва была известна раньше, с X в., но **Великое княжество Литовское** окончательно сформировалось только в XIII в. В период своего расцвета, в XIV в., оно включало в себя практически всю современную территорию Литвы и Белоруссии, значительную часть России и почти всю Украину вплоть до Чёрного моря. Литовцы успешно боролись с немецкими рыцарями Ливонского и Тевтонского орденов.

Берег Балтийского моря

В начале XVIII в. русский царь Пётр Великий «прорубил окно в Европу». Новой столицей России стал возведённый на Финском заливе Балтийского моря город Санкт-Петербург. Пётр разбил Швецию в Северной войне и присоединил к Российской империи большую часть территории Прибалтики.

Именно в Прибалтике находится около 90 % мировых залежей полудрагоценного «камня» (на самом деле окаменевшей смолы) янтаря, который имеет множество названий: «слёзы моря», «дар солнца» и даже мифический «бел горюч камень Алатырь».

Кусочки янтаря с сохранившимися в нём насекомыми, жившими во времена динозавров

Три Прибалтийские республики, Литва, Латвия и Эстония, не захотели войти в состав Советского Союза, образованного в 1922 г. из обломков рассыпавшейся Российской империи. Они присоединились к СССР только после начала Второй мировой войны, когда к власти в этих странах пришли коммунисты. Но история этих земель тесно связана с историей России, поэтому доля русских в их населении очень велика, особенно в Латвии (почти 30 %) и Эстонии (больше 20 %). Только в Литве около 85 % населения составляют литовцы.

Несмотря на близкое соседство, прибалтийские народы не понимают речь друг друга. Хотя литовцы и латыши говорят на языках одной группы (балтийская группа индоевропейской семьи), но их языки разошлись гораздо дальше, чем, например, французский и испанский, относящиеся к романской группе. Эстонский же и вовсе входит в совершенно другую (уральскую) семью языков. Он очень похож на языки жителей Финляндии и Карелии, а также республик Мордовия и Марий-Эл в Поволжье и имеет кое-что общее с венгерским языком, поскольку прародиной предков венгров, полукочевников-скотоводов, считается область к востоку от Урала.

К востоку от Эльбы

5 апреля 1945 г. в Германии, на реке Эльбе, войска 1-го Украинского фронта встретились с войсками 1-й армии США. Там вскоре и прошла граница между **Западной** и **Восточной Европой**, между странами, сохранившими свой традиционный уклад, и группой так называемых **социалистических стран**.

Рельеф Восточной Европы разнообразный: здесь есть молодые (Карпаты) и старые, сильно разрушенные горы, обширные и небольшие низменности. Климат умеренный на всей территории, но, например, на Венгерской низменности осадков выпадает гораздо меньше, чем на Польской. Почти вся территория расположена в лесной зоне, только на юге, особенно в Венгрии, ещё пару веков назад оставались вкрапления степей.

Юго-восточная часть Восточной Европы 2 тыс. лет назад входила в состав Римской империи. Но даже это великое и могучее государство опасалось (и не зря!) варваров, особенно из восточноевропейского племени вандалов. Эти имена стали нарицательными, то есть сейчас так называют малообразованных

Во многих странах Восточной Европы живут и кочуют цыгане. Этот древний народ разбросан по всему миру. Традиционно цыганские мужчины торговали лошадьми, а женщины — гадали. Цыгане прекрасные музыканты, танцоры и певцы.

и агрессивных людей, сеющих вокруг разрушение. После падения Древнего Рима какое-то время западные районы этой части Европы входили в состав преимущественно немецкоязычной Священной Римской империи, но постепенно на кар-

Сувенир из Болгарии — розовое масло

те одна за другой появлялись страны, составляющие Восточную Европу в наши дни. В число этих стран вошли существовавшая чуть больше 40 лет **ГДР**, или **Германская Демократическая Республика** (в 1990 г. объединившаяся с ФРГ), славянские страны — **Польша, Чехия, Словакия** и **Болгария**, а также **Румыния**, где говорят на языке, близком к итальянскому, и **Венгрия,** населённая потомками кочевых народов, сотни лет назад обосновавшихся на плодороднейших степях в сердце Европы.

Такие страны, как Польша и Чехия, практически мононациональны — это значит, что в них живёт очень мало людей, говорящих на других языках. А на западе Румынии и на юге Словакии живёт значительное число венгров. В Болгарии же до сих пор сохранилась довольно значительная прослойка (10 %) турок. Почему сложилась такая странная картина? А дело в том, что почти до самого конца XIX в. Болгария входила в Османскую империю, а Австро-Венгрия после окончания Первой мировой войны распалась. При проведении новых границ часть людей оказалась «не в той стране».

Вид на Прагу с Карлова моста

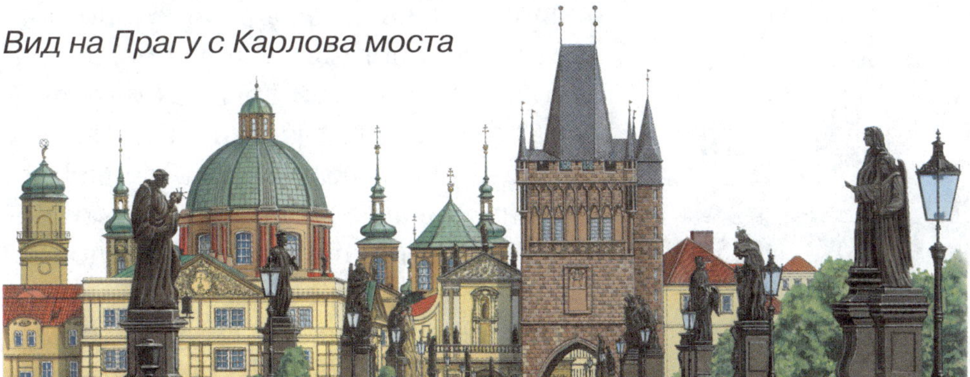

Варяги, викинги, норманны...

Пять стран Северной Европы, **Норвегию, Швецию** и **Финляндию**, расположенные на Скандинавском полуострове, **Данию**, лежащую поблизости, на полуострове Ютландия и островах, а также далёкую **Исландию**, занимающую одноимённый остров в Атлантическом океане, называют Скандинавскими.

Условия жизни в этих странах, пожалуй за исключением Дании, суровые. Великий ледник не так давно покинул их территорию, оставив после себя живописные фьорды и россыпи валунов на малоплодородных землях. А в Исландии к тому же время от времени просыпаются и показывают людям, что о «покорении природы» им, пожалуй, думать рановато, вулканы.

Извержение в 2010 г. получившего всемирную известность, казалось бы, небольшого вулкана Эйяфьятлайокутль (высота всего около 1600 м, диаметр кратера 2,5 км) привело к полному прекращению полётов самолётов над Северной Атлантикой; было прервано не только воздушное сообщение между Северной Америкой и Европой, но и внутри Европы почти все связи были нарушены.

Зимой на севере Скандинавии царит полярная ночь, время от времени расцвеченная сполохами полярного сияния, а солнце целый день так и не поднимается из-за горизонта. Зато летом в течение нескольких недель полярного дня оно светит там днём и ночью. Короткое лето пролетает быстро, долгой холодной зимой в старину людям было почти нечего делать. Неудивительно, что отважные и воинственные древние

Корабль викингов

Побережье Норвегии изрезано узкими, извилистыми морскими заливами с высокими, крутыми берегами — фьордами

скандинавы отправлялись «за удачей» в тёплые края. Корабли **викингов** (на Руси их называли **варягами**) совершали набеги на все прибрежные страны Европы, добираясь даже до Северной Африки и Северной Америки. Они открыли и заселили далёкую Гренландию и Исландию. Сейчас уже никто не сомневается, что корабли скандинавов плавали в Америку задолго до Колумба и, возможно, добирались даже до Великих озёр. Страсть к опасным путешествиям сохранилась у них в крови и до наших времён — многие великие полярные исследователи и знаменитые путешественники были скандинавами: Норденшельд, Нансен, Амундсен, Хейердал.

Языки норвежцев, датчан и шведов похожи друг на друга. У исландцев, потомков норвежцев, язык так изменился, что остальные скандинавы понимают его с трудом. А вот финский язык относится к совершенно иной семье языков.

От раздробленной к единой Германии

Люди впервые появились на территории современной **Германии** около 700 тыс. лет назад. Около 500 тыс. лет назад здесь появились первые постоянные поселения. Первые упоминания о германцах обнаруживаются в трудах античных учёных.

Северная часть страны лежит на спускающейся к Балтийскому и Северному морям равнине, южнее расположен пояс невысоких, но живописных старых гор, постепенно переходящий в предгорья Альп. Полезными ископаемыми, за исключением угля, Германия не богата. Климат здесь мягкий, лето прохладное, а зима тёплая, поэтому можно выращивать даже виноград. Основной ресурс этой страны — высококвалифицированные трудолюбивые кадры, то есть проще говоря — люди.

История Германии уходит в глубь веков. После распада Римской империи в Западной Европе образовалось Франкское государство, которое при Карле Великом стало империей (800). Эта империя включала территории нескольких современных государств. Внуки императора, поделив её между собой, образовали

Воины Карла Великого в одном из походов

три королевства — Западно-Франкское (Франция), Восточно-Франкское (Германия) и Срединное королевство (вскоре распавшееся на Италию, Прованс и Лотарингию).

Традиционно датой основания Германского государства принято считать 2 февраля 962 г.: в этот день восточнофранкский король Оттон I был коронован в Риме и получил титул императора Священной Римской империи. Несмотря на попытки императоров объединить Священную Римскую империю, она распалась на многочисленные независимые государства.

Замок Нойшванштайн в Баварии (Германия)

Как ни удивительно, одна из самых крупных, развитых и влиятельных стран мира, Германия появилась на карте совсем не так давно. В Европе всегда существовало множество немецкоязычных княжеств и вольных городов, большая часть которых объединилась в свободный Германский союз лишь после войны с Наполеоном. Через полвека была создана Германская империя, просуществовавшая всего несколько десятилетий, но оставившая по себе недобрую память как один из инициаторов первой в истории человечества мировой войны.

После поражения Германии во Второй мировой войне на её территории было создано два государства: ФРГ (Федеративная Республика Германия) и ГДР (Германская Демократическая Республика). Объединилась Германия только в 1990 г.

Загадочный Бенилюкс и другие малые страны

Что значит слово «**Бенилюкс**»? Ни на одной карте мира вы не найдёте страны с таким названием. В середине XX в. три небольшие европейские страны — **БЕльгия**, **НИдерланды** и **ЛЮКСембург** — решили объединиться и открыть границы. Это был один из первых шагов к объединению Европы. Сейчас на территории Европы почти не осталось границ, большая часть стран объединилась в Европейский союз. Но связи между Бельгией, Нидерландами и Люксембургом остаются особенно тесными.

Эти страны объединяет не только близкое соседство. В каждой из них до сих пор сохранилась монархия: глава государства Бельгии — король Альберт II, в Нидерландах — королева Беатрикс и в Люксембурге — великий герцог Анри Альберт. Конечно, в наши дни они, как и английская королева Елизавета II или король Испании Хуан Карлос, да и прочие монархи, не имеют большой власти. Существование монархий — это скорее дань традициям. Монархиями остаются и остальные малые, даже скорее карликовые, страны в Европе: **Ватикан** (где правит рим-

Крепость на горе Титано (Сан-Марино)

Город-государство Ватикан — это святой город для всех христиан, резиденция папы римского. Свыше миллиарда человек, а столько людей исповедуют католичество, считают себя «подданными» этого самого маленького государства мира.

ский папа), **Лихтенштейн** (в котором князь Ханс-Адам недавно отдал свою власть сыну Алоизу), Андорра и Монако (князь Альбет II). Единственное исключение — уже известная вам республика **Сан-Марино**.

Ветряные мельницы в Нидерландах

Самая крупная из перечисленных стран, Нидерланды (неправильно называть её Голландией, так называются лишь 2 из 12 провинций этой страны) имеют удивительную историю. Несколько столетий назад эта страна была одной из самых влиятельных и богатых не только в Европе, но и в мире, успешно соперничая с Испанией и Англией. Источником её богатств были в основном колонии, ей удалось захватить значительную часть «островов пряностей» — Нидерландская Ост-Индия приносила баснословные доходы до середины XX в. Большими колониями обладала и Бельгия, но бельгийские Конго, Руанда и Бурунди в Африке давно получили независимость.

Несмотря на малые размеры, все эти страны относятся к числу преуспевающих, их уровень жизни едва ли не самый высокий в мире. Так, Лихтенштейн занимает одно из первых мест в мире по доходам на душу населения. Современную высокоразвитую экономику имеют страны Бенилюкса, особенно Нидерланды.

«Лучше гор могут быть только горы...»

В самых высоких горах Европы, Альпах, находятся две крупные страны — **Австрия** и **Швейцария**, между которыми расположилось крошечное княжество Лихтенштейн. Во всех этих странах говорят на немецком языке. Только в Швейцарии есть люди, говорящие на французском и итальянском, при том что всё-таки большинство швейцарцев германоязычны.

Горная система Альпы выпуклой дугой длиной свыше 1000 км тянется от Средиземного моря до Среднедунайской равнины. Западные Альпы, в которых расположена самая высокая точка Европы, почти пятикилометровый Монблан, выше Восточных. Горы эти молодые, с острыми вершинами и большим числом ледников. К северу и западу от Альп лежат территории с умеренным климатом, к югу — субтропики. Осадков выпадает больше на наветренных западных и северо-западных склонах, местами до 4000 мм в год. В Альпах берут начало важнейшие реки Западной Европы — Рейн, Рона, По, правые притоки Дуная.

Швейцарские Альпы

Альпы — это родина многих видов спорта, связанных с горами, легко догадаться, почему людей, покоряющих горные вершины, называют альпинистами.

Но история этих стран сильно отличается. Швейцарская Конфедерация началась с объединения в 1291 г. кантонов Ури, Швиц и Унтервальден для обороны от австрийцев, бургундцев и прочих беспокойных соседей, к 1513 г. в неё уже входило 13 кантонов (сейчас их 23). Швейцария не участвовала в войнах, но поставляла наёмников другим странам, чаще всего Франции и Италии. Самые знаменитые наёмники последние 500 лет охраняют все входы в святая святых католического мира. Форму для 110 швейцарских гвардейцев, несущих службу в Ватикане, придумал великий Микеланджело.

Швейцарский гвардеец в Ватикане

Австрия, напротив, всегда находилась в гуще событий: Наполеоновские войны, Первая мировая война (предлогом для развязывания которой стало убийство в Сараево наследника австро-венгерского престола), Вторая мировая война, перед началом которой Гитлер захватил эту страну — неудивительно, что во второй половине XX в. Австрия заявила о намерении строго придерживаться политики нейтралитета.

Старинный австрийский городок Зальцбург, родина Моцарта, давно стал одним из центров музыкальной жизни. Ежегодно здесь проводится «Неделя Моцарта» и Зальцбургский фестиваль, на который приезжают исполнители со всего мира.

Есть мушкетёры, есть!

Франция — это крупнейшая страна в Западной Европе, уступающая по площади только России и Украине. Она простирается от северных низменностей, где зимой глазу не на чем отдохнуть, до Лазурного берега, на котором и в январе что-нибудь да цветёт.

Рельеф Франции очень разнообразен. Вдоль границы с Испанией простираются горы Пиренеи. Граница же с Италией и Швейцарией в основном проходит по Альпам, а также частично по горам Юра. В центре страны расположен Центральный Французский массив — разрушенные древние горы с десятками давно потухших вулканов. На севере и западе преобладают равнины. Для этих районов, особенно Нормандии и Бретани, характерен морской климат с тёплыми зимами и прохладным летом. На побережье Средиземного моря, защищённом от северных ветров Альпами и Центральным массивом, климат средиземноморский с жарким летом и влажной тёплой зимой.

Две тысячи лет назад на этой территории жили кельтские племена **галлов**. После завоевания Галлии в I в. до н. э. знаменитейшим древнеримским полководцем Юлием Цезарем она вошла в состав Римской империи. Позже сюда пришли и германские племена **франков** (отсюда название Франция). Исто-

Средневековый замок на Луаре (Франция)

Д'Артаньян — один из немногих литературных героев, которому был поставлен памятник, и не один: на родине мушкетёра, в гасконском городке Ош, в Париже (часть памятника Дюма) и в голландском городе Маастрихт, при осаде которого он погиб.

рия этой страны описана не только историками, но и многими писателями. Теперь уже трудно поверить, что три мушкетёра и д'Артаньян, родившиеся в воображении Александра Дюма, не были реальными людьми (хотя при создании образа бравого гасконца писатель использовал «Мемуары г-на д'Артаньяна», придуманные писателем Гасьеном де Куртиль де Сандра, так как сам гасконец ничего не писал). Эпоху правления Людовика XIV, когда действовала отважная четвёрка, часто называют золотым веком Франции. Тогда начала расширяться будущая колониальная империя, на карте Северной Америки появилась Новая Франция (включавшая Луизиану с Новым Орлеаном и Канаду). В начале XIX в. в ходе Наполеоновских войн французы захватили пол-Европы. Несмотря на поражение корсиканца, роль Франции оставалась значительной и в XX в. Сегодня Франция — высокоразвитая страна, использующая все достижения современных технологий, но для множества туристов она при этом остаётся страной старинных замков и музеев, горнолыжных курортов и пляжей.

Эйфелева башня в Париже

Острова на краю континента

Как ни странно, но вы не найдёте на карте знакомой всем с детства страны Англия. Так называется лишь часть самого большого острова у западных берегов Европы **Великобритании**. Этот остров вместе с северной частью соседней **Ирландии**, а также большим количеством мелких островов входит в состав **Соединённого Королевства Великобритании** (то есть **Англии, Шотландии** и **Уэльса**) и **Северной Ирландии**.

Эти острова омываются Атлантическим океаном и его морями, Ирландским и Северным. Леса, когда-то покрывавшие почти всю страну, занимают всего около 9 % территории. На севере и западе Великобритании преобладают невысокие старые горы, а на юге и юго-востоке — холмистые равнины, примерно такой же, преимущественно холмистый, рельеф и в Ирландии. На севере, в Шотландии, где побывал великий ледник, есть множество озёр, а вот реки обычно недлинные и неширокие. Интересно, что самая длинная река на Британских островах, Шаннон,

Замок Аркарт на берегу озера Лох-Несс в Шотландии (Великобритания)

находится в Ирландии. Климат очень мягкий, прохладный и влажный.

Символы Лондона — Биг-Бен и красный двухэтажный автобус

Англичане создали крупнейшую и самую могущественную колониальную империю в мире, её владения имелись на всех континентах. Площадь империи достигала 37 млн. км^2 (около $^1/_4$ земной суши), а численность населения — 500 млн. человек (примерно $^1/_4$ часть всего населения Земли). Недаром говорилось: «над территорией Британской империи никогда не заходит солнце». Однако в конце XIX в. начался её закат, который завершился после Второй мировой войны. Едва ли не самый сильный удар ей был нанесён отделением Ирландии, в составе империи остался только небольшой северо-восточный уголок острова — Ольстер. Почему возникло такое странное положение? Дело в том, что большая часть ирландцев католики, только в Ольстере издавна существовала значительная прослойка протестантов. Потому-то, когда зашла речь о предоставлении Ирландии независимости, было решено не отдавать новообразованной республике эту часть острова.

Если англичане — потомки англосаксов и норманнов, то ирландцы, валлийцы и шотландцы — потомки кельтов. Их языки не похожи на английский. Они очень древние и сложные, поэтому даже в Ирландии далеко не каждый владеет родным языком.

В Западном полушарии... но в Европе

Большая часть Пиренейского полуострова, расположенного на самом краю Европы, лежит в **Западном полушарии**. От Африки его отделяет Гибралтарский пролив, а от остальной Европы — Пиренеи, вторые после Альп по высоте горы в Европе.

Значительную часть Пиренейского полуострова занимает Кастильское плоскогорье, или Месета (в переводе с испанского — «стол»), – плато, окаймлённое горами. Андалусские горы на юго-востоке начинаются высокой скалой, знаменитым Гибралтаром, тянутся на северо-восток и продолжаются на Балеарских островах. Вероятно, в прошлом эта горная система смыкалась с Апеннинами и Альпами.

На омываемом Атлантическим океаном северо-западе полуострова климат мягкий и влажный. Совершенно иные условия во внутренних частях полуострова: осадков относительно мало (не более 500 мм в год), зимы довольно холодные с сильными и резкими ветрами; лето жаркое и сухое. Самый благоприятный климат на восточном, средиземноморском, побережье, где и находятся многочисленные курорты.

Дворец Альгамбра в Гранаде (Испания)

На полуострове расположены два крупных государства — **Испания** и **Португалия**, а также любимая горнолыжниками крошечная Андорра и владение Великобритании — Гибралтар. Когда-то здесь жили **иберийские** и **кельтские** племена, но потом полуостров вошёл в состав Римской империи. В результате все его обитатели, за исключением живущих на севере полуострова **басков**, говорят на роман-

Андорра — карликовое государство в Пиренеях между Францией и Испанией. По традиции соправители этого необыкновенного государства — Президент Французской Республики и испанский епископ Урхельский.

ских языках, произошедших от латыни. Вскоре после падения Римской империи большую часть Пиренейского полуострова захватили **мавры**. Так в Западной Европе называли арабов и берберов, пришедших из Африки. От времён мавританского владычества в Испании, особенно в её южной провинции Андалусии, сохранилось немало архитектурных памятников, в том числе прекрасный храм (бывшая мечеть) в Кордове и изысканный дворец Альгамбра в Гранаде — «кусочек рая земного среди тенистых садов».

Золотой век, время расцвета Испании и Португалии, пришёлся на самое начало Нового времени — период, который часто называют эпохой Великих географических открытий. Португалия монополизировала морские пути в Индию и захватила добрую половину южноамериканского континента, а владения Испании в то время можно сравнить по площади со знаменитой Британской колониальной империей, появившейся на карте мира двумя веками позже. В XX в. и в Испании, и в Португалии несколько десятилетий правили диктаторы, поэтому они сильно отстали в развитии от большинства западноевропейских стран, но сейчас это положение исправляется.

Страна-музей — Италия

Когда-то **Италией** называли только часть Апеннинского полуострова, расположенную южнее небольшой реки Рубикон. Её прославил великий полководец Юлий Цезарь, переправившись через неё и не оставив себе путей отступления. С тех пор выражение «перейти Рубикон» означает бесповоротность решения.

Теперь Италия включает в себя не только весь «сапог» Апеннинского полуострова, мелкие острова у его побережья, а также крупные острова Сардинию и Сицилию. Высочайшие горы Европы — Альпы обрамляют её с севера, а невысокие Апеннины составляют хребет полуострова. Единственная крупная равнина — Паданская лежит на севере страны.

В Италии нередки серьёзные землетрясения. Катастрофическое мессинское землетрясение произошло на Сицилии 28 декабря 1908 г. Свидетелем его последствий стал русский писатель Максим Горький, приехавший в Мессину и записавший рассказы очевидцев, в том числе русских моряков, которые первыми пришли на помощь жителям полностью уничтоженного города. Тогда в живых осталось меньше половины из 147-тысячного населения.

Не менее опасны извержения вулканов, особенно самого высокого вулкана Европы — Этны (3323 м). У Этны есть до 400 боковых кратеров. В среднем раз в три месяца то из одного, то из другого кратера извергается лава. А раз в 150 лет извержение разруша-

На раскопках Геркуланума

Большой канал — главная улица Венеции (Италия)

ет какой-либо посёлок. Но это не останавливает сицилийцев — они густо заселили склоны вулкана, ведь сформировавшиеся на остывшей лаве почвы очень плодородны. Но самым знаменитым вулканом Италии остаётся Везувий, единственный действующий вулкан на материковой части Европы.

Страна славится своими храмами — величественным собором Св. Петра в Риме, архитектурными шедеврами Милана, Флоренции и Венеции, соборами Сиены, Орвието, Равенны, Бергамо и др. Прекрасны площади больших и малых итальянских городов, украшенные скульптурами великих мастеров прошлого. Пожалуй, ни одна страна в мире не может похвастаться таким числом музеев и уникальных шедевров искусства.

Самая страшная катастрофа при извержении Везувия произошла в 79 г., когда погибли три богатых и процветающих города: Помпеи были засыпаны вулканическим пеплом (толщина до 8 м), Стабия залита лавой, а Геркуланум — грязевыми потоками.

Полуостров с драматической судьбой

На юго-востоке Европы, на огромном Балканском полуострове разместилось немало стран: **Албания, Болгария, Босния и Герцеговина**, **Греция, Македония, Черногория** и **Сербия** поместились там целиком, **Хорватия** наполовину, а **Словения** на треть. На этом же полуострове располагаются небольшие части территорий таких стран, как Румыния (9 %) и Турция (5 %).

Горы Балканского полуострова не отличаются большой высотой. На западе расположилось обширное Динарское нагорье и горы Пинд, на юге переходящие в горы полуострова Пелопоннес. На севере, в массиве Рила, находится высшая точка Балканского полуострова — гора Мусала (2925 м), там же простираются Стара-Планина, или Балканы, и Родопы. Равнин мало, лежат они по окраинам полуострова и в межгорных котловинах.

Когда-то этот гористый полуостров почти весь был покрыт лесами. Но люди вырубали их, чтобы освободить место под поля, сады и виноградники. А домашний скот, особенно козы, уничтожали молодую поросль древесных пород. Теперь лесов на полуострове осталось немного.

Монастырь Святой Троицы в Метеорах (Греция)

В античные времена на этой территории жили греки, македонцы, иллирийцы, фракийцы и другие древние народы. Славяне появились здесь только в VI в. К концу XVI в. почти весь Балканский полуостров вошёл в Османскую империю. Поэтому некоторые из южнославянских народов и албанцы перешли в ислам. Но большая

Средневековый город-музей Дубровник в Хорватии включён в список объектов Всемирного наследия ЮНЕСКО

часть южных славян осталась христианами, правда, словенцы и хорваты, жившие на территории **Австро-Венгерской империи**, преимущественно католики, тогда как сербы, черногорцы, большинство македонцев, болгары, а также греки и румыны — православные.

Борьба балканских народов за независимость от турок-османов была драматичной. Достаточно сказать, что в ней принимали участие такие люди, как великий английский поэт лорд Байрон (погибший во время войны за независимость Греции). После окончания этой войны и распада Османской и Австро-Венгерской империй часть территорий, населённых славянами, объединилась в **Югославию**. Но в конце XX в. после кровопролитных конфликтов она распалась на шесть республик.

На северо-западе Балканского полуострова, в Словении, есть плато Карст (Динарский Крас), в честь которого названы удивительные явления по всему миру: образование в горных породах пещер и подземных рек, сталактитов и сталагмитов.

Северная Америка

Двести с небольшим лет назад на этом континенте не было ни одной независимой страны. Испания, Англия и Франция разделили его между собой (вытеснив голландцев, которые успели основать город Нью-Амстердам, теперь всем известный как Нью-Йорк).

Страна кленового листа

Почти половину материка Северная Америка занимает страна, уступающая по площади только России. Во времена короля-солнце, Людовика XIV, Франция владела частью этой огромной территории. Но в конце XVIII в. Новую Францию захватили англичане. Так на карте мира появилось название **Канада** (что на языке ирокезов означает «деревня»).

На старом рисунке: изготовление кленового сиропа

В Северной Америке растёт сахарный клён, из сока которого делают кленовый сироп и разные сладости. Красный кленовый лист стал символом Канады: он красуется и на государственном флаге, и на форме игроков сборной команды родины хоккея.

Равнины, занимающие большую часть Канады, на западе и востоке окаймляют горы. Канадские Кордильеры начинаются на границе с Аляской, западные склоны их покрыты хвойными лесами, восточные обнажены и скалисты. Вдоль Атлантического побережья тянутся невысокие хребты, продолжающие Аппалачские горы США. Канада — едва ли не самая богатая озёрами страна мира. На границе с США лежат четыре из пяти Великих озёр (Верхнее, Гурон, Эри, Онтарио), немного им уступают Большое Медвежье, Большое Невольничье, Атабаска, Виннипег и др. Величественная река Св. Лаврентия соединяет бассейн Великих озёр с Атлантическим океаном. В Северный Ледовитый океан впадает могучая Макензи, крупнейшая река Канады. Но самая знаменитая река страны — это небольшая Ниагара, соединяющая озёра Эри и Онтарио, прославившаяся своим водопадом.

Во внутренних районах страны климат резко континентальный — холодная зима сменяется жарким летом, количество осадков незначительно. На западном побережье лето прохладное, а зима мягкая, в отличие от восточного, где зимы суровые. Значительная часть территории Канады расположена в зоне арктических пустынь, где постоянно жить практически невозможно. К югу от тундры раскинулась широкая полоса лесов.

До появления на континенте европейцев Канада была населена **индейцами** и **эскимосами**. В стране существует два государственных языка. Дело в том, что в провинциях Квебек и Нью-Брансуик живут потомки первых французских поселенцев. И почти все они говорят на французском языке.

Североамериканский индеец

Первое независимое государство Америки

Соединённые Штаты Америки (США) — одна из крупнейших по площади и населению и самая богатая страна мира — занимают около $^{1}/_{3}$ территории североамериканского континента. Самый большой по площади штат США — Аляска — до середины XIX в. принадлежал Российской империи.

На западе страны тянутся высокие заснеженные горные цепи Кордильер с многочисленными, в том числе действующими вулканами, а на востоке — невысокие горы Аппалачи. Между ними расположены бескрайние Великие и Центральные равнины. На севере раскинулись Великие озёра (Верхнее, Мичиган, Гурон, Эри, Онтарио), только северные берега четырёх из них относятся к соседней Канаде. Крупнейшая река США – Миссисипи долгое время считалась самой длинной в мире.

У западного побережья проходит холодное Калифорнийское течение, под влиянием которого климат там жаркий и сухой. У восточного побережья климат формируется под воздействием самого знаменитого тёплого течения нашей планеты — Голь-

Долина монументов в штате Аризона (США)

фстрима. Во внутренних районах страны осадков выпадает немного, а летом очень жарко. Там часто возникает грозное явление природы — смерч, или торнадо, как его называют в Америке.

В 1776 г. США стали первым независимым государством в Америке, и туда стали приезжать люди из самых разных стран. К потомкам первых переселенцев: голландцев, англичан, шотландцев, французов и испанцев — добавились немцы, итальянцы, поляки, евреи, украинцы, русские и др. С конца XIX в. в США появились китайцы и японцы, а в XX в. филиппинцы, кубинцы, вьетнамцы и др.

Один из первых домов в Далласе (США)

Многие люди бежали в Новый Свет, спасаясь от религиозных преследований (английские квакеры, молокане и пр.). Одно время «в колонии» из Англии высылали преступников (позже местом ссылки стала Австралия). Множество простых людей ехали «за счастьем». Тысячи чернокожих рабов были вывезены из Африки, чтобы обрабатывать плантации. А в XX в. началась **«утечка мозгов»** — талантливые учёные разных стран устремились в хорошо оборудованные лаборатории и институты США. Так в **«плавильном котле»** смешались люди разных национальностей и образовали единый американский народ.

В 1620 г. из английского порта Плимут вышел корабль «Мэйфлауэр». На его борту было 102 переселенца (и две собаки). Эти люди были первыми белыми жителями Америки. Они основали поселение Новый Плимут, положившее начало колониям Новой Англии.

Там, где рождаются вулканы

Третья по площади страна Северной Америки — **Мексика** — по численности населения вчетверо превосходит Канаду, а её столица Мехико входит в список крупнейших городов мира. Он основан в 1521 г. на месте Теночтитлана, разрушенной испанскими завоевателями столицы государства ацтеков.

С севера на юг Мексики тянутся горные хребты, продолжающие Скалистые горы Северной Америки. Значительная часть страны расположена на большой высоте. Самые высокие вершины — Орисаба (5700 м), Попокатепетль (5462 м) и Истаксиуатль (5286 м), многие горы имеют вулканическое происхождение.

На большей части Мексики климат тропический. Особенно влажно и жарко на прибрежных равнинах: на тихоокеанском побережье днём весь год не ниже 30 °С, на побережье Карибского моря немного прохладнее. В центральных возвышенных районах Мексики зимой днём температура около 21 °С, летом немногим меньше 30 °С. При этом в горах зимой иногда температура может опускаться ниже нуля.

Первые крупные города в Западном полушарии появились около 2 тыс. лет назад именно на территории современной Мексики. Священный **Теотиуакан** играл в Америке такую же роль, как древний Рим в Европе. Там возвышались почти 600 пирамид, гигантские пирамиды Солнца и Луны были размером с двадцатиэтажный дом. Во время своего расцвета в VI в. Теотиуакан насчитывал около 200 тыс. жителей и был шестым по величине городом на Земле. Однако около 700 г. город погиб, сожжённый неизвестными завоевателями.

Иногда рождение вулкана происходит прямо на глазах. 20 февраля 1943 г. индеец Пулидо обнаружил на своём поле трещину, из которой пошёл дым. На следующий день это был уже холм высотой 10 м, а через неделю вулканический конус достиг 167 м в высоту. Так возник вулкан Парикутин (Мексика).

Ко времени появления в Америке европейцев древние цивилизации **ольмеков** и **тольтеков** сменила **империя ацтеков**. Столица государства ацтеков Теночтитлан к началу XVI в. превосходила по размерам и богатству большинство европейских столиц. С помощью чудовищной жестокости и коварства испанец Кортес всего за два года покорил ацтеков и практически полностью уничтожил цивилизацию, которую миллионы людей создавали несколько веков. Сейчас в Мексике живёт более 1 млн. человек, которые считают себя потомками древних ацтеков.

На городских рынках ацтеки продавали овощи, фрукты и другие продукты питания

Таинственно исчезнувшая цивилизация

Центральной Америкой называют часть североамериканского континента от южной границы Мексики до Панамского перешейка, по которому проходит канал, соединяющий Атлантический и Тихий океаны с небольшим, самым северным, кусочком Южной Америки. Говорят здесь на испанском языке, только бывшая колония Британии — Белиз англоязычная.

Большую часть Центральной Америки занимают средневысотные горы, входящие в систему Кордильер, с множеством действующих вулканов. Горы и плоскогорья обрамлены узкими прибрежными равнинами. Все страны — **Гватемала, Гондурас, Сальвадор, Белиз, Никарагуа, Коста-Рика и Панама** — расположены в тропических широтах. На большей части территории очень жарко и влажно круглый год. Здесь господствуют вечнозелёные леса с пальмами, лианами и деревьями с драгоценной древесиной. Вблизи побережий — плантации бананов, какао, ананасов и других тропических культур. На нагорьях встречаются хвойные леса, здесь развито пастбищное скотоводство, выращивают кукурузу, картофель, бобовые. На тихоокеанских склонах находятся плантации кофе (на высоте 600–900 м), табака, сахарного тростника и хлопчатника.

Ещё полторы тысячи лет назад на этой территории существовали могущественные и процветающие государства индейцев **майя**. Эта цивилизация существовала уже за две с лишним тысячи лет до нашей эры. Как и в Древней Греции, несмотря на общий язык и единую религию, два десятка

Терракотовая фигурка майя

Наследие цивилизации майя на территории Центральной Америки

городов-государств майя не смогли объединиться в единую империю. На каменных стенах дворцов, храмов и гробниц, а также на чудом уцелевших деревянных панелях сохранилось несколько надписей. «Книги» из коры смоковниц были уничтожены безграмотными и фанатичными испанцами, которые посчитали эти символические письмена «работой дьявола».

У майя развивались науки, особенно математика и астрономия. В то время когда Европа была погружена в пучину средневекового невежества, они составляли поразительные по точности карты звёздного неба. Календарь майя был значительно точнее европейского, их астрономы предсказывали солнечные и лунные затмения. Майя умели создавать террасы на склонах холмов и гор, оросительные, а чаще «осушительные» каналы, придумали севообороты, осушали болота.

За 500 лет до появления в Америке европейцев процветающие города майя — Паленке, Чечен-Ица и Копан — погибли. Жители покинули их. До сих пор никто не может ответить на вопрос, почему исчезла цивилизация майя.

Пираты Карибского моря

Вест-Индия включает множество островов: Большие Антильские (Куба, Гаити, Ямайка, Пуэрто-Рико) и Малые Антильские, в том числе Наветренные и Подветренные, а также Виргинские и Багамские острова.

Первыми основали колонии в Новом Свете на самых крупных островах — **Кубе**, Испаньоле (теперь **Гаити**) и **Пуэрто-Рико** — испанцы. У Франции колоний было всего две — **Мартиника** и **Гваделупа**, а у Британии множество — **Ямайка, Тринидад, Барбадос** и др. Немало островов было захвачено Нидерландами, Данией, а позже и США. Когда Колумб открыл Вест-Индию, она была населена двумя племенами индейцев, говоривших на разных языках: воинственными **караибами** и мирными **араваками**. Начиная с 1503 г., вся земля была разделена между европейцами, а туземцы обращены в рабство. Меньше чем за 100 лет они совсем вымерли от непосильного труда и завезённых европейцами болезней. Колонизаторы начали ввозить на острова чернокожих невольников из Африки. Рабство существовало в Вест-Индии несколько столетий, но уже в XVIII в. начались вос-

Эти пушки в крепости XVI в. когда-то защищали вход в гавань Гаваны (Куба)

Большинство островов Вест-Индии получили независимость во второй половине XX в., но некоторые остались владениями Великобритании (Монтсеррат, Ангилья и др.), Франции (Мартиника, Гваделупа и др.), Нидерландов (Аруба, Антильские Острова).

стания негров и появились беглые невольники **мароны**. Первыми, в 1834 г., негры были освобождены в британских колониях, затем рабство было запрещено и в датских, французских, голландских и, наконец, в испанских колониях.

На Больших Антильских островах (прежде всего на Гаити) уже в XVI в. появились охотники на одичавших коров и свиней — буканьеры. Вольные и смелые, всегда отвечавшие нападением за нападение, и не только на суше, отличные стрелки, буканьеры на утлых лодках и каноэ бесстрашно нападали в основном на испанские корабли и поселения. Их нередко путали с флибустьерами, царившими XVII—XVIII вв. в Вест-Индии и создавшими там настоящее разбойничье государство. «Пираты Карибского моря», пусть и не такие колоритные, как в фильмах, существовали на самом деле и постоянно грабили колонии.

Южная Америка

Уже в начале XVI в. большая часть Южной Америки была разделена между Испанией и Португалией. Единственным исключением стали небольшие колонии на северо-востоке континента — английская и нидерландская Гвианы, а также до сих пор сохранившая статус заморской территории Франции Гвиана.

На жарком севере материка

Через северную часть Южной Америки проходит экватор. Климат там жаркий и влажный, смены сезонов практически нет, хотя высоко в горах ночи обычно бывают очень холодными. На западе Южной Америки начинается огромная цепь высочайших на континенте гор Анд, с конусами потухших (Чимборасо, 6267 м) и действующих (Котопахи, 5896 м) вулканов, а на востоке располагается Гвианское плоскогорье, знаменитое множеством красивейших водопадов, в том числе самым высоким в мире водопадом Анхель. От берегов Атлантического океана до Северных Анд широкой полосой простирается плоская низменная равнина Ориноко, на юго-западе сливающаяся с Амазонской низменностью.

Водопад Анхель

В **Эквадоре**, большая часть которого разместилась в Андах, промозглые высокогорья соседствуют с душной **сельвой** (пышные вечнозелёные леса Амазонии). В соседней **Колумбии** за-

Удивительная морская игуана Галапагосских островов

Принадлежащие Эквадору Галапагосские острова в Тихом океане — это замкнутый мир, где сохранились существа, давно исчезнувшие в других местах. Только здесь живёт морская игуана, пресмыкающееся длиной более 1 м, похожее на дракона.

падную часть также занимают высокие горы, а на низменностях на востоке страны сельва сменяется обширными **льянос** (высокотравные саванны), в которых может укрыться всадник. Льянос занимают значительную часть и **Венесуэлы**. Самая богатая среди стран этой части континента, Венесуэла в 1950-х гг. была едва ли не самой крупной нефтедобывающей страной в мире, добыча нефти и сейчас основа её экономики.

Во всех этих странах (кроме Эквадора, где индейцы составляют четверть населения) преобладают метисы (потомки индейцев и испанцев). В странах же, расположенных на Гвианском плоскогорье, **Гайане** и **Суринаме**, очень много выходцев из Индии, там же самая большая доля чернокожих (больше 40 %).

Единственная колония, оставшаяся на территории обеих Америк, **Французская Гвиана**, раньше была известна как самое страшное место ссылки преступников. Сегодня же она знаменита своим уникальным **космодромом**.

Где была империя инков

Андские страны располагаются там, где 500 лет назад существовало государство, по размерам сравнимое с Римской империей. Оно занимало территорию нынешних Перу, Боливии и Эквадора и частично — Чили, Аргентины и Колумбии. Под властью императора, Великого Инки, находилось около 12 млн. индейцев. В те времена во всей Европе жило ненамного больше людей. Поэтому сегодня в андских странах отмечается наиболее высокая доля индейцев в населении: в **Перу** их 47 %, ещё больше индейцев в **Боливии** — около 55 % жителей.

Высокогорное озеро Титикака в Андах на границе Перу и Боливии

В этих горах жить было гораздо комфортнее, чем в прилегающих к ним жарких и влажных лесах на востоке или в пустыне Атакама на западе. Государство инков выделялось в Новом Свете высоким уровнем развития. Эти индейцы обладали самой совершенной на то время дорожной системой и почтой в мире. Не имея металлических орудий труда, они сумели прорубить в скалах тоннели, построить деревянные и каменные, а также подвесные канатные мосты. Террасообразные поля и великолепные ирригационные сооружения и поныне служат

Империя инков была одним из центров культивации растений. Они выращивали 20 разновидностей кукурузы и 240 сортов картофеля, кабачки, тыкву, различные сорта бобов, маниок (из которого делали муку), разнообразные перцы и многое другое.

индейцам, собирающим завидные урожаи. Они были неплохими хирургами и математиками, архитекторами и астрономами. Столица империи город Куско был основан в начале XII в. на высоте 3416 м над уровнем моря в глубокой долине между двумя крутыми хребтами Анд. Этот город был одним из чудес света. Руины храма Солнца поражают воображение, несмотря на все усилия испанских вандалов уничтожить даже память о его величии.

Трагическая история этой крупнейшей цивилизации Южной Америки до сих пор во многом остаётся загадочной. От неё не осталось письменных свидетельств, да и конкретных материальных остатков сохранилось немного. Около 100 лет назад археологи нашли высоко в горах таинственные развалины «потерянного города» инков **Мачу-Пикчу**, где сохранились руины великолепных храмов, дворцов и обсерватории.

Мачу-Пикчу

«В Бразилии моей такое изобилие невиданных зверей!»

Самая большая и многонаселённая страна Южной Америки — **Бразилия** занимает пятое место в мире как по площади, так и по численности населения (почти 200 млн. человек). Большую часть населения составляют белые (в основном португальцы) и мулаты, индейцев там осталось меньше 0,5 %, в основном они живут в лесах на Амазонской и Оринокской низменностях.

На севере страны находится самая большая в мире Амазонская низменность (Амазония) — обширная долина реки, спорящей с африканским Нилом за звание самой длинной в мире. К северу от неё находится Гвианское, а к югу Бразильское плоскогорье, занимающее значительную часть территории страны. Климат в Бразилии жаркий, в Амазонии влажный, в других частях страны более сухой.

Большую часть Амазонии занимают густые вечнозелёные леса — гилеи, или сельва, с ценными видами деревьев (свыше 4 тыс. видов). По запасам древесины Бразилия занимает пер-

Амазония

вое место в мире. Центральная часть Бразильского плоскогорья занята саванной, лишь на сухом северо-востоке плоскогорья — полупустынное редколесье (каатинга) из тощих, часто колючих деревьев и кустарников.

Капибара — самый крупный в мире грызун

Редьярд Киплинг, написавший стихотворение, строчкой из которого озаглавлена эта глава, был совершенно прав. В огромной и сравнительно малоисследованной Бразилии живёт больше видов животных, чем в любой другой стране мира. Постоянно выявляются новые виды, а некоторые, к сожалению, продолжают вымирать. В Бразилии действительно обитает больше всего «диких обезьян», около 80 видов, огромное число разнообразных пресноводных рыб (более 3 тыс. видов). По числу видов земноводных она занимает второе место, птиц — третье и пресмыкающихся — пятое.

Бразилия стала девятой страной в мире по уровню развития экономики, значительно обогнав остальные страны Латинской Америки. Она производит разнообразную продукцию — от автомобилей, стали и нефтепродуктов до компьютеров, самолётов и потребительских товаров — и торгует не только традиционными кофе и апельсиновым соком, но и авиационной техникой, морскими судами и электроаппаратурой.

Новая столица Бразилии в плане имеет форму самолёта или летящей птицы. Город украшает один из архитектурных шедевров XX в. — Кафедральный собор в виде венца; он составлен из 16 «бумерангов» и украшен бело-сине-зелёными витражами.

По следам капитана Гранта

Как и повсюду в Южной Америке, в южной части континента стена заснеженных высоченных Анд с остроконечными вершинами и многочисленными вулканами отделяет обширные равнины на востоке от узкой полосы тихоокеанского побережья.

По природным условиям западная часть материка местами напоминает Средиземноморье. Там даже, как в Испании или Италии, выращивают цитрусовые культуры, виноград и делают вино. Большая часть равнин в восточной части материка занята **пампой**, похожей на наши степи. Эти территории частично распаханы, частично превращены в гигантские пастбища, где **пастухи-гаучо** приглядывают за огромными стадами.

Особенно важное значение для климата не только этого региона, но и всего Западного полушария и даже планеты в целом имеет феномен **Эль-Ниньо**. Когда раз в несколько лет это тёплое течение сменяет холодное Перуанское, на **пустыню Атакама** проливаются обильные дожди, и она покрывается ковром цветущих растений. Холодные, богатые планктоном и рыбой воды у берегов Чили и Перу теплеют, и уловы в одном из самых важных районов промыслового рыболовства катастрофически снижаются.

Пустыня Атакама

Когда в XV в. испанцы начали завоевание современного Чили, северные племена, привыкшие к власти инков, не оказали сопротивления, но южные непокорные племена мапуче оказали им ожесточённое сопротивление. Малочисленные индейцы, населявшие восточные равнины, были истреблены практически полностью.

Прекрасное описание южной оконечности континента, Патагонии, можно найти в книге Жюля Верна «Дети капитана Гранта». Именно здесь проходила первая часть увлекательного путешествия по 37 параллели южной широты.

Страны, расположенные в южной части континента — **Аргентина, Уругвай** и **Чили**, — самые развитые и богатые на материке, если не считать Бразилию. Ведь они, особенно Чили, имеют много богатых залежей полезных ископаемых (эта маленькая страна — крупнейший в мире поставщик меди), а главное — климат здесь не такой жаркий, благоприятный для европейцев. Доля коренного населения в этих странах невелика, особенно в Аргентине, где «белых» 85 %, даже в Чили индейцев меньше 5 %, хотя там большинство населения относится к **метисам** (потомки индейцев и испанцев). В отличие от большинства стран Южной Америки, куда из Европы приезжали в основном испанцы, в Аргентине, Парагвае и Уругвае много эмигрантов и из других стран — итальянцев, немцев, французов, поляков и др.

Пастухи-гаучо пасут скот на просторах пампы (Аргентина)

Африка

Африка — второй по величине материк после Евразии и одна из шести частей света. Африка считается прародиной человечества: именно здесь нашли самые древние останки первых людей и их вероятных предков.

Страна пирамид

Время безжалостно к людям и их творениям, но над некоторыми из них оно практически не властно. Не зря говорится «всё на свете боится времени, а время боится **пирамид**». Самая старая пирамида, возведённая для погребения египетского царя, **фараона,** ступенчатая пирамида в Саккаре существует уже около 5 тыс. лет. Это древнейшая каменная постройка в мире.

Египет расположен на стыке Африки и Евразии (граница между ними проходит по Суэцкому каналу). Берега его на севере омываются Средиземным, а на востоке — Красным морем. Египет лежит в поясе пустынь, проходящем через всю Северную Африку, Юго-Западную и Центральную Азию. Поэтому 96 % территории этой страны приходится на бесплодные земли, где практически отсутствует вода и растительность. К западу от Нила находится Ливийская (Западная) пустыня, она занимает более 70 % площади страны. Её поверхность покрыта щебнем и обломками известняка, песчаных дюн и барханов в ней немного, но их высота может достигать 150 м. На востоке Аравийская (Восточная) пустыня представляет собой плато, обрывающееся к Красному морю.

Папирусный свиток

Великий **Нил** — самая длинная река земного шара — во время ежегодного разлива затопляет часть

В 1922 г. археологи обнаружили гробницу фараона Тутанхамона. В ней было столько сокровищ, что их разбирали пять лет. В глубине гробницы стоял каменный саркофаг, заключавший в себе три гроба, один в другом. В последнем, золотом, лежала мумия Тутанхамона с золотой маской на лице.

Самая длинная река в мире — Нил

долины, оставляя на ней плодородный ил. В этой плодородной долине и возникла одна из древнейших мировых цивилизаций.

Древний Египет делился на два района: узкая полоса, тянущаяся вдоль берегов Нила на 600 км, — Верхний Египет и обширная треугольная дельта — Нижний Египет.

Впервые царства были объединены фараоном Менесом примерно в 3100 г. до н. э. С этой датой обычно связывают начало египетской истории. Всего Египтом со времени объединения страны правили 32 династии, включая греческих Птолемеев, воцарившихся здесь после завоевания Египта в 332 г. до н. э. Александром Македонским. Последней царицей до 30 г. до н. э., когда могучий Рим покорил Египет, была Клеопатра.

Странники в пустыне

На севере Африканского континента располагается несколько стран: **Алжир, Тунис**, **Марокко** и другие, в настоящее время, как и Египет, населённые преимущественно **арабами**.

Север континента лежит на краю гигантской африкано-аравийской платформы, поэтому он представляет собой огромную приподнятую равнину, на северо-западе которой возвышаются Атласские горы. Большая часть этой территории занята самой большой на земном шаре пустыней **Сахара**. Только на западе в Сахаре попадаются песчаные участки с барханами, в основном её поверхность — это однообразная каменистая или щебнистая равнина. Климат здесь жаркий, осадков выпадает

Лишь около 250 тыс. кочевников-туарегов до сих пор кочуют по Сахаре, на территории, превышающей 1 млн. км^2, которую пересекают около десятка караванных троп. Но именно благодаря им сохранились древние традиции туарегов.

Караван в пустыне

Оазис в пустыне Сахаре (Тунис)

очень мало, поэтому жизнь сосредоточена в оазисах — там существуют источники воды и растут финиковые пальмы.

До середины XX в. большая часть этой территории принадлежала Франции. Тунис и Марокко получили независимость без особых проблем, а в Алжире, куда за последние два столетия переселилось много французов, началась кровопролитная война. Когда Алжир наконец получил свободу, несколько миллионов человек были вынуждены уехать из страны.

До появления арабов Северная Африка была заселена **берберами**. Их предки, ливийцы, жившие к западу от Египта, упоминались уже в древнеегипетских текстах. Часть берберского населения, **туареги**, не захотела жить под властью завоевателей-арабов и переселилась на юг — в Сахару и **Судан**. Туареги — потомки белых берберов, смешавшихся с африканцами и арабами. Этот удивительный народ, у которого не женщины, а мужчины обязаны закрывать лицо повязкой. Тысячи лет туареги странствовали по пустыне. Они сохранили свой язык и письменность. Впрочем, древнее письмо знают только хранители традиций — женщины, занимающие в этом народе особое положение. В наше время туареги всё ещё живут изолированно, занимаются скотоводством и торгуют солью.

Первые свободные страны

Восточная часть материка лежит на высоких плоскогорьях, поэтому климат здесь не такой жаркий и влажный, как в Экваториальной Африке, а вечнозелёные леса сменяются **саваннами** — равнинами, поросшими кустарниками и травами. В отличие от экваториальных районов, здесь бывает сухой сезон.

Когда-то европейцы считали язычников-африканцев дикарями и направляли **священнослужителей-миссионеров** спасать их души, то есть обращать в христианство. Начиная

Слоны в африканской саванне

с XVII–XVIII вв., европейские страны начали делить территорию Африки между собой. К середине XIX в. не были колониями только две страны — Эфиопия и Либерия (специально созданная для освободившихся рабов). Когда в **Эфиопии**, или **Абиссинии**, как её раньше называли, появились первые миссионеры, их ждало жестокое разочарование — угольно-чёрные люди, которые их там встретили, приняли крещение на добрую тысячу лет раньше, чем многие из европейских народов.

До середины XX в. почти вся Северная и Центральная Африка оставалась французской, но в восточной части континен-

та царила настоящая чересполосица. Да-да, в самом буквальном смысле — англо-египетский **Судан** на картах выглядел как кусок полосатого одеяла. **Сомали** было разодрано на 3 части (итальянская, французская и английская). Англичане вдобавок к **Уганде** и Ньясаленду (теперь **Малави**) получили Танганьику, которая после освобождения объединилась с Занзибаром в **Танзанию**. Не все получили свободу легко. В середине XX в. в **Кении** началось исключительно жестокое восстание «мау-мау» против англичан. А после ухода бельгийских колонизаторов в **Руанде** и **Бурунди** народы **тутси** и **хуту** занялись взаимным истреблением на территории сразу нескольких стран (погибло несколько миллионов человек).

Близость веры способствовала укреплению связей между Эфиопией и Россией. Наследники местных царей обучались в Санкт-Петербурге, а Ибрагим Ганнибал — прадедушка Александра Сергеевича Пушкина — был родом из Абиссинии.

Христианский праздник Крещения в Эфиопии

Священная книга православных эфиопов

Что скрывали экваториальные леса

Экваториальные районы Африки, где располагаются **Гвинея, Либерия, Кот-д'Ивуар, Гана, Нигерия, Камерун, Республика Конго и Демократическая Республика Конго, Ангола** и другие страны, раньше назывались могилой белого человека из-за невыносимо жаркого и влажного климата. Но чаще этот район именуют **Чёрной Африкой**, потому что он населён только чернокожими народами и племенами, в том числе крошечными пигмеями.

В экваториальных лесах до сих пор живут ведущие кочевой образ жизни племена. Они строят временные жилища, в которых остаются лишь до тех пор, пока окрестная дичь не поймёт, что от такого соседства добра не жди, и не разбежится. Когда добывать пропитание становится трудно, всё племя буквально за час собирает своё добро — немного кухонной утвари и посуды, оружие и украшения — и пускается в путь. Они охотятся с сетями и копьями или с луками и стрелами, но кое-где уже используют полученное от европейцев огнестрельное оружие.

Уже в XVII–XVIII вв. появились слухи о существовании в дебрях африканских лесов больших и богатых городов, но долгое время считалось, что это выдумки. О могущественном царстве **Бенин**,

Пигмеи – низкорослые племена, живущие в тропических лесах Центральной Африки

Удивительные бронзовые скульптуры древнего Бенина сейчас можно видеть во многих европейских музеях — среди них головы тридцати семи царей — предков последнего властителя этой страны.

основанном в начале X в., стало точно известно только в конце XIX в. В 1897 г. карательная экспедиция британцев под командованием адмирала Гарри Роусона сожгла дотла деревянную столицу, а солдаты разграбили дворец. Крыша его была покрыта пальмовыми листьями, а над ней простирали крылья отлитые из бронзы птицы. Бронзовые рельефы, украшавшие галереи, вероятно, служили вместо летописи народу, у которого не было письменности. На них отражали все важные события истории государства: битвы, празднества, коронации. Поразительная точность и искусство древних художников подтверждается изображениями португальцев, посетивших Бенин в 1472 г., — их кафтаны и головные уборы показаны на них с такой достоверностью, что их можно помещать в качестве иллюстраций в книги по истории костюма. Уцелевшие ценности были вывезены англичанами и в настоящее время выставлены во многих музеях.

Женская маска. Дерево (Ангола)

Уже после гибели Бенина была найдена старинная книга голландского путешественника Ольферта Даппера, посетившего несколько африканских стран в середине XVII в. Он писал: «Дворец царя так же велик, как город Харлем, и... состоит из множества великолепных домов и прекрасных длинных четырёхугольных галерей почти такой же величины, как амстердамская биржа. Галереи эти покоятся на высоких столбах, снизу доверху покрытых медью с изображением военных подвигов и битв».

Чужая на континенте

Миллионы лет назад очертания материков были совсем иными. По мнению большинства учёных, праматерик Пангея сначала раскололся пополам: на Северную Лавразию и Южную Гондвану. В дальнейшем Гондвана распалась на куски, будущие континенты. Как ни странно, южная часть Африки долгое время существовала в отрыве от северной части континента, будучи соединённой с Австралией и Южной Америкой. Южная Африка по устройству поверхности напоминает те части других материков, с которыми она когда-то составляла единое целое, и там до сих пор можно встретить множество растений, близких южноамериканским и австралийским.

Пустыня Намиб (Намибия)

В этой части материка наряду с государствами, в которых живут только негритянские народы, **Намибией**, **Ботсваной, Зимбабве** и другими, существует страна, в которой ещё недавно четверть населения составляли представители белой расы. **Южно-Африканская Республика** (ЮАР) до сих пор имеет наибольшую долю белого, индийского и смешанного населения на континенте. Здесь живут самые разные народы, а го-

Современный рудник по добыче золота в ЮАР

сударственными признаны целых 11 языков (наиболее распространённые из которых два — африкаанс и английский). Климат этой части материка сходен с климатом Южной Европы, он значительно лучше переносится европейцами. В середине XVII в. сюда начали приезжать колонисты из Германии, Франции, но преимущественно из Нидерландов, их стали называть **бурами**. В самом конце XIX в. на населённых бурами территориях были созданы государства **Трансвааль** и **Оранжевая Республика.**

После того как буры проиграли войну с Великобританией, был образован Южно-Африканский Союз (британский доминион), печально знаменитый политикой **апартеида** — расистской политикой по отношению к чернокожим и «цветным» людям. В настоящее время ЮАР стала самой высокоразвитой и богатой страной на материке, ведь Южная Африка исключительно богата полезными ископаемыми, в том числе золотом и алмазами.

Почитайте увлекательную книгу французского писателя Луи Буссенара «Капитан Сорвиголова» о приключениях сотни отважных мальчишек во время Англо-бурской войны.

Австралия, Океания и Антарктида

На средневековых картах мира можно увидеть гигантское белое пятно со словами «неведомая Южная Земля» (Terra Incognita Australis), или просто Южный материк. Древние географы поместили его на юге планеты для того, «чтобы Земля не перевернулась», ведь большая часть известной к тому времени суши была сосредоточена в Северном полушарии. Несмотря на открытие небольшого материка Австралии, поиски не прекращались до тех пор, пока в начале XIX в. не была наконец обнаружена Антарктида.

Страна-континент

Австралия — это единственная в мире страна, занимающая целый материк и добрую половину части света, которая называется Австралия и Океания. Всего несколько десятков тысяч лет назад на этом континенте людей не было вообще.

Значительную часть материка занимают практически безжизненные пустыни. Здесь очень остро стоит проблема нехватки воды. В Австралии в сухой сезон официально ограничивают её использование. Освоены людьми преимущественно прибрежные районы, особенно восточные, отделённые от пустынь высокими горами — Большим Водораздельным хребтом.

На севере Австралии неширокой полосой тянутся заболоченные тропические леса, а на юге в горах лежит так много снега, что люди могут кататься на лыжах. Но самый распространённый австралийский ландшафт — это австралийский буш, заросли колючих акаций и эвкалиптов.

Ехидна

Первые поселенцы, темнокожие **аборигены**, приплыли в Австралию с соседних островов

Два крупнейших города страны — Сидней и Мельбурн — не могли решить, кто из них должен быть столицей, поэтому специально для этой цели был построен город Канберра, расположенный примерно посередине между двумя соперниками.

Малайского и Зондского архипелагов. Вероятно, вместе с ними появилось и единственное не сумчатое млекопитающее животное этого материка — **дикая собака динго**. Люди встретили на этом континенте растения и животных, которые в других частях света исчезли много миллионов лет назад. Только в Австралии сохранились колючие **ехидны** и зверь с птичьим клювом, в существование которого долго отказывались верить учёные, — **утконос**, а также разнообразные **сумчатые** животные — кенгуру, вомбаты, сумчатый дьявол, сумчатые белки и пр. Только на этом материке можно встретить необыкновенных птиц — эму, попугая-какаду, птицу-лиру и один из символов континента — гигантского зимородка, кукабарру, смехом которого начинает свои передачи австралийское радио.

Искусство аборигенов Австралии

Свыше 20 млн. австралийцев — потомки переселенцев. Первые десятилетия после открытия материк служил для Великобритании местом ссылки преступников. Только с середины XIX в. в Австралию стали приезжать по своей воле **эмигранты** и из других стран Европы и Азии, но до сих пор плотность населения на континенте невелика.

Острова в океане

В огромном Тихом океане разбросаны сотни больших и маленьких островов **Океании**. Одни из них, такие, как Новая Гвинея, когда-то были частью Австралии. Другие образованы вулканами. Третьи — построены кораллами. Все острова обычно делят на три группы: Меланезию, Полинезию и Микронезию.

Аборигены **Меланезии**, расположенной по соседству с азиатскими островами Малайского архипелага, имеют тёмную кожу, внешне похожи на обитателей Африки. Отсюда и её название — от греческих слов «мелас» — «чёрный» и «несос» — «остров». Когда-то меланезийцы славились своей свирепостью, и ещё не так давно на многих островах можно было встретить настоящих людоедов. В Меланезию, кроме Новой Гвинеи, входят несколько архипелагов, в том числе **Соломоновы острова**, Республика **Вануату** на архипелаге Новые Гебриды, который когда-то находился под совместным управлением Франции и Великобритании **Фиджи** — государство на одноимённых островах, а также **Новая Каледония** — заморская территория Франции.

Традиционное жилище народов Океании

Полинезия (по-гречески: «поли» — «много», «несос» — «остров») — это треугольник, вершинами которого служат **Гавайи** — единственный штат США, расположенный в Тихом океане; **Новая Зеландия** и остров **Пасхи**, на берегу которого стоят древние загадочные гигантские каменные статуи. Вулканические острова Полинезии гористые, коралловые — плоские, низменные. На Гавайских островах и в **Самоа** есть действующие вулканы. Климат жаркий и влажный. Гористые острова покрыты густыми вечнозелёными лесами особенно на наветренных склонах, на сухих подветренных склонах леса сменяются зарослями кустарников и трав. В отличие от меланезийцев, жители Полинезии понимают друг друга, они говорят на похожих языках.

Множество небольших архипелагов и отдельных островков **Микронезии** (от каких слов образовалось это название, догадаться легко) напоминают на карте горсть песчинок, разбросанных в западной части Тихого океана. Атоллы, небольшие коралловые острова, Бикини и Эниветок, полвека назад печально прославились тем, что на них проводили испытания ядерного оружия. Там же находится и самое маленькое по площади островное государство мира — **Науру**.

Остров Науру — карликовое государство

В Западной Полинезии находится единственное в Океании королевство — Тонга. Оно знаменито тем, что первым из всех государств Земли встречает восход солнца.

Там, где летают райские птицы

Западная половина острова Новая Гвинея, Западный Ириан, несколько столетий принадлежавшая Нидерландам, вошла в состав Индонезии. Восточная же часть сначала была английской колонией, потом перешла под опеку Австралии и наконец стала независимой страной **Папуа — Новая Гвинея**.

Самый большой остров Океании, **Новая Гвинея**, второй по величине остров планеты Земля, уступает по размеру только Гренландии. Новая Гвинея лежит у самого экватора к северу от Австралии, отделённая от неё Торресовым проливом. В западной части возвышается горный массив Маоке с горой Джая (5029 м) — высшей точкой Новой Гвинеи и всей Австралии и Океании. На востоке находятся горы Бисмарка, высшая точка — гора Вильгельм (4509 м). С гор стекает множество рек, самая длинная из которых называется Флай.

Горы острова покрыты пышными экваториальными лесами. В Новой Гвинее обитают необыкновенные очень красочные и разнообразные «райские» птицы, родственники страусов казуары и «поющие собаки», названные так за необычную манеру выть, напоминающие пение птиц или звуки, издаваемые китами.

Райская птица

В 2005 г. группа американских исследователей обнаружила на склонах гор Фойа в западной части Новой Гвинеи место, названное ими райским садом, или эдемом. Этот район площадью около 300 тыс. га оказался изолирован от воздействия окружающего мира: даже местные жители никогда не бывали в тех краях. Учёные нашли здесь более 20 неизвестных ранее видов лягушек, 4 новых вида бабочек, 5 неизвестных науке видов пальм и множество

На праздниках папуасы Новой Гвинеи демонстрируют свои обычаи в костюмах из перьев, ракушек и растений и в боевой раскраске

В середине XIX в. русский учёный Николай Николаевич Миклухо-Маклай несколько лет провёл среди папуасов Новой Гвинеи, изучая их жизнь и обычаи. В память о нём эти края назвали берегом Маклая.

других растений. Было обнаружено несколько видов древесных кенгуру, а также шестипёрая райская птица Берлепша, считавшаяся вымершей. Все животные нагорья не боятся человека, а редкая проехидна даже позволила взять себя в руки.

Воинственные племена, населяющие Новую Гвинею, часто воевали между собой. Война, или экспедиция за головами, начиналась по любому поводу. Например, в деревне умер человек от болезни. Ясно, что на него наслали порчу. А сделать это могли только враги, жители враждебной деревни. Им надо отомстить, чтобы дух умершего обрёл покой. В наши дни папуасы научились извлекать выгоду из своей репутации. Они охотно (и за немалые деньги) позируют на праздниках перед туристами.

Страна вулканов и нелетающих птиц

Единственное крупное высокоразвитое государство в Океании **Новая Зеландия** по площади гораздо больше Великобритании, чьей колонией она была, но в ней живёт почти в 15 раз меньше людей. Эта страна занимает два больших острова, названных просто **Северный** и **Южный**, а также множество мелких островов поблизости.

На территории Северного острова много вулканов, а также сопутствующих им горячих источников, гейзеров и других проявлений вулканической активности. Они красочно описаны как Жюлем Верном в «Детях капитана Гранта», так и Джеральдом Дарреллом в «Пути кенгурёнка»: «...при въезде в Роторуа поражает запах. В первый миг вы готовы приписать его миллиону протухших яиц, но после второго или третьего вдоха узнаёте чудесный аромат сероводорода. Его в воздухе столько, что хоть топор вешай. Есть и другие, я бы сказал, зловещие признаки, свидетельствующие о том, что этот город непохож на прочие го-

Новозеландские ландшафты стали натурой для съёмок фильма «Властелин колец»

Символом Новой Зеландии стали забавные нелетающие птицы киви. Когда говорят «киви прилетели», это не означает, что у них каким-то образом отросли крылья. Просто так себя называют все новозеландцы.

рода. Тут и там вдоль тротуаров, а то и посреди мостовой в дорожном покрытии видны трещины, из которых лихо бьёт струя белого пара, как будто захоронили небольшую паровую машину, а она возьми да оживи». Землетрясения и извержения вулканов здесь привычное явление.

Маори

Климат на островах умеренный, горы заросли густыми лесами и только на Южном острове есть обширные травянистые равнины.

Аборигены Новой Зеландии — **маори** — были совсем непохожи на мирные племена, с которыми европейцы встретились в соседней Австралии. Французский писатель Жюль Верн практически не погрешил против истины, описывая их в своём романе «Дети капитана Гранта». В наши дни маори давно отказались от обычая съедать трупы врагов, но сохранили привычку в торжественных случаях исполнять воинственный танец хака, предназначенный для устрашения противника.

До появления европейцев в фауне Новой Зеландии не было ни одного хищника. Поэтому многие птицы утратили ненужную им способность к полёту. Они горько за это поплатились, когда на островах появились привезённые колонистами домашние любимцы. Только одна прожорливая кошка смотрителя маяка на маленьком островке уничтожила несколько видов птиц.

Не такая уж и безлюдная неведомая Южная Земля

Антарктида — единственный континент на планете, где нет ни государств, ни правительств, ни постоянного населения. В 1959 г. был заключён международный договор, запрещающий государствам претендовать на территорию ледяного материка.

Всего на территории Антарктиды в разное время действовало свыше 50 полярных станций. В среднем каждый год на материке работает по 20–30 научных станций. Американская станция Мак-Мердо на полуострове Росса (Земля Виктории) служит перевалочной базой для половины континента — через неё проходят тысячи тонн грузов ежегодно. Летом на ней живёт свыше 1 тыс. человек (зимой остаётся около 180). Станция Амундсен-Скотт находится практически в самой южной точке нашей планеты, на ледниковом куполе, на высоте свыше 2800 м над уровнем моря. Станцию Кейси прозвали «Леголенд», потому что австралийцы создали её из ярких разноцветных блоков.

В разное время в Антарктиде существовало около 15 советских научных станций. Сейчас на ледяном континенте работают постоянные российские станции Беллинсгаузен, Новолазаревская, Мирный, Восток, а также сезонная станция Прогресс. Недавно были вновь открыты станции Ленинградская и Русская, а также сезонная база Молодёжная. Есть также белорусские, украинские, чилийские, аргентинские, британские и другие станции.

Численность временного населения Антарктиды меняется в зависимости от сезона. Антарктическим летом (в январе) на ле-

Императорские пингвины

У берегов Антарктиды

дяном континенте работают около 4 тыс. полярников разных специальностей. В работе также принимают участие несколько сотен исследователей и членов команд судов, прибывших в высокие широты Южного полушария из разных стран.

В конце прошлого века более трети временного населения Антарктиды работало на трёх круглогодичных полярных станциях, принадлежащих США: Амундсен-Скотт, Мак-Мердо и Палмер. Значительно более скромными «научными десантами» (по 100–300 человек) ограничивались Чили, Аргентина, Россия, Австралия, Великобритания, Япония, Италия и Франция. Менее 100 человек насчитывали экспедиции из Бразилии, ЮАР, Китая, Польши, Индии, Новой Зеландии, Германии и др. Зимой население ледового континента сокращается примерно вчетверо.

Станция Восток расположена на полюсе холода Земли. Люди здесь чувствуют себя как на вершине Эльбруса из-за низкого содержания кислорода в воздухе и атмосферного давления. Воздух на станции такой сухой и холодный, что в нём даже нет микробов.

Указатель

ДЛЯ МЛАДШЕГО ШКОЛЬНОГО ВОЗРАСТА

Серия «Детская энциклопедия РОСМЭН»

Степанова Татьяна Вадимовна

СТРАНЫ И КОНТИНЕНТЫ

Художники: *В. В. Бастрыкин, М. О. Дмитриев , В. А. Дыгало, А. В. Казьмина, А.В. Капнинский, О. К. Пархаев, А. Н. Позиненко, А. Н. Сичкарь, Н. В. Сучкова*

Обложка *Т. А. Абрамовских*
Ответственный редактор *Е. В. Попова*
Художественный редактор *Н. О. Москалева*
Технический редактор *А. М. Жданова*
Корректор *Л. А. Лазарева*
Верстка *Е. Л. Гутник*

Подписано к печати 11.01.10. Формат 70×90 $^1/_{16}$. Бумага офсетная.
Печать офсетная. Гарнитура «Прагматика». Усл. печ. л. 7,02.
ID 11957. Заказ № 5994.

ЗАО «РОСМЭН-ПРЕСС».
Почтовый адрес: 127018, Москва, ул. Октябрьская, д. 4, стр. 2.Тел.: (495) 933-71-30.
Юридический адрес: 129301, Москва, ул. Бориса Галушкина, д. 23, стр. 1.

Наши клиенты и оптовые покупатели могут оформить заказ, получить опережающую информацию о планах выхода изданий и перспективных проектах в Интернете по адресу: **www.rosman.ru**

ОТДЕЛ ПРОДАЖ:
(495) 933-70-73; 933-71-30.
(495) 933-70-75 (факс).

Отпечатано в полном соответствии с качеством предоставленных издательством материалов в ОАО «Тверской ордена Трудового Красного Знамени полиграфкомбинат детской литературы им. 50-летия СССР».
170040, г. Тверь, проспект 50 лет Октября, 46.

Степанова Т. В.

С79 Страны и континенты / Т. В. Степанова. — М.: РОСМЭН-ПРЕСС, 2011. — 96 с.: ил. — (Детская энциклопедия РОСМЭН).

Эта книга познакомит юных читателей с континентами и странами нашей планеты. На страницах книги рассказывается о природных условиях и географическом положении разных стран мира, их истории и людях, которые в них живут.

ISBN 978-5-353-05303-3

УДК 087.5
ББК 63.3(0)